GOBIERNOS GENERADORES DE RIQUEZA

GOBIERNOS GENERADORES DE RIQUEZA

LA ADMINISTRACIÓN PÚBLICA DEL FUTURO

MARIO RAÚL MIJARES SÁNCHEZ

Número de Control de la Biblioteca del Congreso de EE. UU.:   2012901586
ISBN: Tapa Dura   978-1-4633-1992-2
                  Tapa Blanda   978-1-4633-1991-5
                  Libro Electrónico   978-1-4633-1990-8

Para pedidos de copias adicionales de este libro, por favor contacte con:
Palibrio
1663 Liberty Drive
Suite 200
Bloomington, IN 47403
Llamadas desde los EE.UU. 877.407.5847
Llamadas internacionales +1.812.671.9757
Fax: +1.812.355.1576
ventas@palibrio.com
384133

INDICE

Capítulo I
El nuevo modelo de gobierno

Capítulo II
¿Qué es la administración pública?

Capítulo III
Ética pública

Capítulo IV
La ciudadanía

Capítulo V
Conclusiones/propuestas

PRESENTACIÓN

EN LOS ÚLTIMOS seis años, la Dirección del Diario *Abriendo Brecha,* se ha congratulado con que nuestro querido amigo, Mario Mijares, nos haya aleccionado con sus obras literarias y artículos de fondo, siempre abordando el apasionante tema sobre la gobernabilidad y administración pública. Desde siempre, me ha impresionado su ubicuidad en el hábil manejo de los temas que con gran maestría esgrime. Con la presente obra, *Gobiernos generadores de riqueza (La administración pública del futuro),* una vez más sorprende la forma en que interpreta la realidad mexicana, pero sobre todo, la claridad con que analiza las carencias políticas, administrativas y sociales que padecemos actualmente.

Lo encomiable de todo este trabajo estriba en las sempiternas propuestas que tiene la obra, todas ellas sencillas además de viables, para que tanto los gobiernos estatales como municipales en México, logren ser más eficaces. Sin duda, es una búsqueda afanosa, como todo lo que realiza Mario Mijares. Puedo comentar sin menoscabo, amén de mi experiencia en el sector público, que es un texto ampliamente entendible. Por tanto, confío que consiga despertar la curiosidad no sólo de los estudiosos en el tema, sino también a los que cotidianamente se enfrentan a las tareas de la Administración Pública.

Puedo finalizar aseverando que el estudio que tiene usted en sus manos es oportuno en otro sentido. Aparentemente los gobiernos se encuentran transitando por un periodo de acezante insatisfacción y revisión. De ahí, la trascendencia de dicha investigación, no importando las controversias que puedan surgir de ella, ya que lo más importante es que alcance a incentivar la conducta de nuestros servidores públicos.

Enhorabuena al autor por tocar estos temas tan debatidos además de aclararlos, con referencia especial para la entidad veracruzana.

Leonor de la Miyar Huerdo

EXPOSICIÓN

EL PRESENTE TRABAJO, *Gobiernos generadores de riqueza,*[1](*La administración pública del futuro*) es un trabajo que pretende incursionar en la sociedad y sus organizaciones públicas; obra moderada, que sin embargo podría parecer radical para algunos lectores. No obstante, es la firme voluntad de contribuir con ideas al desarrollo de nuestro país, mismo que presenta los problemas de toda sociedad orgánica.

A través de la experiencia y del esfuerzo cotidiano por construir la razón fidedigna presento un ensayo extenso, así como propuestas viables y sustentables, para plantear nuevos retos a los gobiernos en sus tres niveles, en particular al estatal tomado como prototipo a Veracruz. Puedo asegurar que erigir un gobierno hacia el futuro, no es una utopía, si bien es un proyecto difícil de organizar, tampoco es imposible.

Me considero una persona republicana que rechaza todo extremismo, el fanatismo y la imposición. Me siento muy orgulloso de dedicarme a la academia, principalmente de todos los paradigmas del saber político y administrativo, a pesar de los traslapes y superposiciones de las diferentes escuelas de pensamiento. Puedo decir que he recorrido tanto las virtudes y los defectos de la sociedad mexicana, así como del desarrollo colectivo de los estudiantes mexicanos en todos los niveles, los cuales padecen una serie de obstáculos mismos que se

---

[1] Me permito aclarar desde el inicio el significado de riqueza, parafraseando a Tofler (2006). Es algo que satisface una necesidad transitoria, y de hecho puede satisfacer más de un deseo a la vez. En el sentido amplio como cualquier posesión, compartida o no, que tiene lo que los economistas definen como "utilidad". La primera generación de economistas la definía como; "La riqueza es poder adquisitivo". Asimismo, señalaban que la riqueza es; "Creada por el esfuerzo humano". Véase; Druker(1995).

pueden identificar, para ser erradicados. Uno de los más graves es la carencia de lo nacional, es decir, el quebranto de su identidad como mexicanos. Otra de las causas se debe precisamente a la falta de continuidad en el proyecto de Nación, el cual surgió en la Carta Magna de 1917.

En un sentido innovador del documento que tiene usted en sus manos, se encuentra dentro de la defensa de ese pacto social que hizo posible la paz, así como una prosperidad, la cual ha sido la más importante que ha vivido México en su historia contemporánea.

Quiero señalar que dentro del trabajo de investigación, en los dos primeros capítulos, inicia con el saber de autores exponentes del paradigma clásico como moderno de la teoría política, así como los nuevos modelos científicos de la administración pública como privada. Lo anterior fue con la finalidad de explicarlos y adecuarlos para su funcionamiento. En la primera parte se analizaron y configuraron los principios políticos tanto de los gobiernos como de desgobiernos. Asimismo, como una clave concluyente, fue plasmado en el documento el hallazgo de la distinción entre ciencia e ideología, los cuales se encuentran dentro de los nuevos paradigmas del saber político y social, aunque la dificultad estuvo en la forma de deliberación difusa que se viene manipulando hoy día, sobre la base del funcionalismo. Ésta serían sólo unas de las premisas que se plasmaron en la investigación.

Con estos breves antecedentes objetivos y subjetivos, el amable lector podrá entender algunas circunstancias en que se planteó el desafío de la investigación, con la finalidad de participar y ser leído por respetables lectores. En estos apartados busco contemplar nuestra historia con una mirada limpia, sin prejuicios; aunque sin llegar a una crítica banal de nuestra sociedad cerrada. Es justo comentar que el proyecto del trabajo, antes que un discurso didáctico, se pensó en una potencial contribución. La esencia del inicio del ensayo, fue el conocer los antecedentes de los gobiernos en nuestro país, con el objetivo de estar al tanto de las circunstancias históricas. Una vez entendiéndolas, se puede proporcionar las herramientas suficientes y necesarias para consagrar todo esfuerzo en donde se pueda disfrutar instituciones sólidas en la vida pública, las cuales respondan a las demandas de una población ávida de disfrutar buenos servicios, tanto públicos como privados. Lo escrito con antelación se puede lograr con un gobierno posmoderno, generador de riqueza y una administración con una visión de futuro.

En la tercera parte de la obra se da un giro más filosófico pero igual de reflexivo. Versa sobre hablarle al gobernador así como al servidor público en todos los niveles jerárquicos, quienes al leer este ensayo político administrativo, lograrán precisamente estar al corriente de cómo se puede horadar la bóveda de la ineficiencia y la corrupción, tan presentes hoy día. Por ello, es importante entender perfectamente el principio de la ética pública; las leyes; las instituciones; los usos y costumbres del país en particular en los gobiernos locales.

A pesar de los muchos problemas a los que se enfrenta todo gobierno, existen alternativas que nos pueden conducir a salir adelante, sin la necesidad de apelar a un ciclo político nuevo, lo cual sería un verdadero atraso en la vida republicana del país. Todo ello a pesar de que han sido trastocados en estos últimos años por la idea vergonzosa del principio de la ganancia, todo sobre la base de la doctrina económica del liberalismo con gobiernos de principios oligarcas, llamados de derecha.

No se puede únicamente destruir sin ofrecer alternativas, parafraseando lo que dijo alguna ocasión el presidente de los Estados Unidos John F. Kennedy, hay que intentar colocar una luz en la barricada, no para deslumbrar, sino para iluminar la estabilidad. En este último capítulo también el lector podrá entender lo portentoso que es la fundación del saber y el arte ético, el cual ni más ni menos, es donde se funda el saber y el arte político, lo mismo que ocurre con la ética. Dicha sabiduría se encuentra en el pueblo mexicano, dentro de su información empírica y sobre todo en sus raíces.

La ética pública ha estado depositada en el gobierno sin razón, produciendo a lo largo de la historia, como lo hemos vivido y comprobado, una apatía que ha acarreado consigo a que no podamos entrar de lleno, al tránsito de la posmodernidad. La causa es el comportamiento de los últimos gobiernos poco eficientes que nos hemos dado, en los últimos treinta años. En esencia fue por no contar con una ética pública, pero también privada. Esto es un error que ha conducido al país a una corrupción política y, por tanto económica. Por ello se plasmó una ética pública, tratando de hacerla más pragmática, evitando así discusiones abstractas, para proponer la búsqueda en función de dirimir problemas concretos.

Asimismo, se descubrió la causa de la moralidad política, de su vocación de no configurar ni organizar a tiempo la vida social, ni respetar los objetivos del proyecto de Nación. La salida será únicamente a través de una autoridad máxima, con una alta moralidad política, un estadista que ponga orden en el Estado Mexicano. No me estoy refiriendo a una autoridad tiránica, sino una autoridad con virtud de mando, un gobernante que tenga capacidad de construir conceptos generales y sobre todo de razonar, con el objetivo de ayudar a despertar la vocación de la ciudadanía para la convivencia en una sociedad ordenada. En varias ocasiones lo he reiterado, hay una falsa creencia de que el trabajo en red sustituye a la jerarquía. La jerarquía es un principio que define niveles influyentes dentro de la organización sea política o administrativa.

Esto es lo que se puede leer en los últimos subcapítulos. Uno de ellos es la Educación para la Ciudadanía, en donde se pretendió vincularlo con la ética pública, los derechos y libertades fundamentales, sobre todo dentro de la cultura universal garantizando el derecho de los ciudadanos.

De nada servirá una educación ciudadana si choca con un gobierno ineficiente y una administración pública enquistada. En la propuesta general del trabajo, se localiza un paradigma subjetivo: el terminar con la estigmatización de los servidores públicos mexicanos, a los que se nos ve como burócratas insensibles, abúlicos y conflictivos.

Dentro de estas tres cuartillas y media, se encuentran las reflexiones sobre lo que será el trabajo, antes de pasar al prefacio, en donde se clarificará la tesis general de la obra.

PREFACIO

L A GRAN COMPLEJIDAD de los actuales gobiernos y su administración pública, es uno de los fenómenos que aparecen de forma constante en la contemporaneidad. De la misma forma, es la invariable confusión conceptual que asumen algunos teóricos y prácticos para entender ¿Qué es el Estado?[2] ¿Qué es el gobierno?, y ¿Qué es la Administración pública? Dicha zozobra ha provocado una serie de atrasos tanto en el gobierno, como en la administración pública cuyos resultados, en el mejor de los casos, han sido la falta de eficiencia en ambas organizaciones en detrimento de la población en general.

Uno de los graves problemas actuales, no únicamente en al ámbito federal sino también en el regional, es que la mayoría de sus gobernantes y funcionarios públicos aparecen insensibles a las críticas y propuestas tanto académicas, como sociales. En el mejor de los casos tanto el responsable del gobierno como los funcionarios públicos, están poco comprometidos a enmendar el camino, por lo que resulta una relación estéril entre la dialéctica del gobernante y los gobernados. Por su parte los servidores públicos tratan de avanzar en el cumplimiento de sus encargos tratando de mejorar simplificado su trabajo, pero en ocasiones; sin ningún plan, programa o método específico. Es bien sabido que los manuales en las oficinas gubernamentales no son aplicados ni mucho menos actualizados por las dependencias centrales.

---

[2] Mijares (2002) El maestro Mario Mijares, es egresado de la Facultad de Ciencias Políticas de la Universidad Autónoma de México UNAM, señala: "Entiéndase por Estado, un conglomerado de instituciones políticas económicas y sociales donde coexisten hombres y mujeres divididos en clases sociales las cuales siempre están en constante contradicción, luchando cada una por ser la predominante. Dicha dominación se realizará a través de una Ley General e instituciones que legitimarán el derecho de la clase suprema para gobernar a los demás.", p.9.

Ante las circunstancias arriba señaladas, el presente trabajo de investigación teórica, presenta dentro de sus propuestas; A) que el primer mandatario, como responsable único del Poder Ejecutivo, consiga en primera instancia, desarrollar un gobierno eficiente y dinámico, separando al piloto de la nave con los marineros que reman. B) Lo anterior es con la finalidad de que su aparato administrativo, sea el reflejo de su capitán a la hora de ejercer el servicio público y llevar al navío a buen puerto.

La idea central del trabajo es que el "gobierno"[3] entendido como la parte activa de ese todo que es el Estado, sea una garantía clara para que la población pueda contar con un servicio público de calidad. El poseer un gobierno eficientemente competitivo, evitará el gran despilfarro que realizan los esquemas burocráticos, los cuales actualmente de forma desafortunada se practican en países como México.

Esa es la tesis general del trabajo, misma que se encuentra planteada a lo largo y ancho de la presente investigación. El deseo principal es que dicho manuscrito resulte ameno, pero que a la vez en su trasfondo, un análisis sobre el despilfarro de ciertos esquemas y, que al mismo tiempo muestre el peligro de caer en el retroceso, en caso de que no se implante un modelo administrativo de calidad que pueda terminar con la pesada burocracia que paradójicamente se encuentra respaldada por normas obsoletas.

Este escrito es resultado de varios años de investigación, docencia y actividad en el servicio público. Cabe señalar que esta investigación, trata de reproducir un derrotero dinámico en el cual tanto el gobierno veracruzano como su estructura administrativa pueda corregir e innovar las nuevas condiciones en el siglo XXI.

La estructura de la obra se divide en cuatro partes y un capítulo de propuestas. La primera aborda el tema del gobierno y sus principios políticos. En la segunda trata de la administración pública su desarrollo actual y su futuro, respecto a los métodos de trabajo. En el siguiente apartado cuestiona sobre las funciones y la ética del servidor público; finalmente se estudiará sobre

---

[3]   Bobbio (1981) Norberto Bobbio, filósofo y politólogo italiano, quien, lo pone como el conjunto de órganos a los que institucionalmente les está confiado el ejercicio del poder., p.743. En el Third New International Dictionary de Webster, indica que la palabra gobierno, proviene del francés antiguo governer, que a su vez deriva del latín gobernaré: dirigir, pilotear, gobernar y en griego Kibernar. En la posmodernidad, el funcionalismo entiende como gobierno, los procesos de orientación, control.

    MARIO RAÚL MIJARES SÁNCHEZ

los gobernados en dónde y cómo la ciudadanía puede participar. Confío en que los breves capítulos anunciados despertarán la curiosidad del lector, haciéndole comprender cómo se encuentran los fenómenos de la cosa pública.

Es necesario informar que el compromiso del gobernador será fundamental para poder impulsar un gobierno eficiente, debido a lo intrincado que resultan los problemas del amplio y complejo aparato administrativo. De la misma manera, tiene que enfrentarse no únicamente a la estructura del gobierno local,[4] sino a las dependencias del federal, sumando por supuesto a las municipales. En los tres niveles de gobierno se tienen trabas propias e incluso comunes, por no contar con un modelo de administración contemporánea. Entre las múltiples dificultades a que se enfrenta el Ejecutivo son: la limitantes y complicaciones del proceso presupuestal, en donde la escases del recurso económico, es una condicionante para satisfacer las necesidades de la ciudadanía. Uno más de los obstáculos son las intrincadas y excesivas normas, reglamentos y disposiciones administrativas, las cuales hacen pesado no solamente el andamiaje de la administración pública sino su mismo conocimiento.

Es justo comentar respecto al factor humano, el cual aún no ha sido tomado en cuenta por el gobierno local. Es precisamente la injusta relación que se ha presentado por siempre con los servidores públicos, sean de base o los llamados de "confianza". No obstante se puede asegurar que no solamente esa situación se da en lo regional sino también en el gobierno federal: gobiernos municipales, en donde la prolija ineficiencia de algunos, va en detrimento de los que cumplen estrictamente con su trabajo con lo cual se inhibe la creatividad y los posibles avances.

Ante tales esquemas de recomposición es importante contar con un gobierno local en donde el responsable del Ejecutivo tenga la voluntad política para hacer funcionar correctamente su aparato administrativo. El gobernador

---

[4]   Deutsch (1998) *The Beginning of Infinity*. Señala que el federalismo consiste en colocar al individuo bajo dos gobiernos al mismo tiempo [...] cada uno de los niveles de gobierno reclama la obediencia del individuo en algunos sentidos y no en otros., p. 214. Por tanto el federalismo es una invención política de individuos que buscaban una parte del poder. Rives (2009) Roberto Rives, indica que: los distintos artículos que establecen las competencias gubernamentales de los tres niveles de gobierno, han tenido un centenar de reformas, para centralizar más el poder del gobierno federal, modificándose así el federalismo., p.457.

y únicamente el es responsable constitucional de la Administración Pública[5] Estatal, donde es urgente que procure enviar sus directrices específicas, para que sus secretarios o funcionarios de alto nivel, rompan con los paradigmas de la administración pública tradicional; para que así pongan a funcionar un modelo gerencial de calidad posmoderno, en donde los servidores públicos empiecen a entender el significado de la productividad y, sobre todo, la capacidad para lograr una administración competente.

Es justo señalar que dentro de la labor de indagación, se hizo énfasis sobre el principio implícito de la ética en el servidor público; así como la honradez en el manejo de los recursos públicos, en donde un porcentaje muy elevado es manejado por los encargados administrativos, como si fueran propios. Es decir se confunde lo público con lo privado. Los recursos por ser producto del trabajo de la ciudadanía a través de los impuestos, éstos deberían ser utilizados con eficiencia, objetividad y oportunidad.

El presente trabajo, no solamente muestra un diagnóstico situacional. Pretende apuntar soluciones, algunas tal vez complejas pero que representan la posibilidad de realizar una mejora, además de un esquema sobre una posible innovación encima de quehacer político por parte del gobierno y, sobre todo, administrativo.

En esta nota preliminar es importante destacar que se procuró soslayar lo superfluo, se puso a prueba de manera consciente el costo que representa, implantar un gobierno eficiente, pero como bien señala una máxima de la Calidad, "la calidad tiene un precio alto pero tiene un coste más no aplicarla". Por tal punto no únicamente resulta importante: se convierte en imperativo para que se logre un adecuado esquema dentro de la Administración Pública Estatal y Municipal.

Por tales razones, en una última reflexión antes de darle lectura al presente texto, es significativo que los gobiernos locales y su administración pública se base en un modelo universal comprobado en los escenarios de los países del primer mundo. Es conveniente señalar que se debe implantar de acuerdo a las

---

[5] Dwight Waldo (1961) Señala que no existe una definición clara sobre el tema de la administración pública, aunque existen definiciones breves pero las más son abstractas. No obstante Waldo la define como: "La administración pública es la organización y dirección de hombres y materiales para lograr los fines del gobierno". Administración Pública es el arte y la ciencia de la dirección aplicada a los asuntos del Estado", p. 6.

necesidades y naturaleza de los servidores públicos de México, de hecho, esa es la pretensión del presente ofrecimiento.

Se puede concluir que dentro de un gobierno con principios republicanos, la función de la administración pública la conlleva a tener una responsabilidad social, en donde se administre a favor de todas las clases sociales y nunca en detrimento de alguna de ellas. Lo anterior puede llevar a una mejor convivencia de forma responsable, abandonando el posible ostracismo, mismo que nos llevaría como población al caos. Sin duda hay desafíos comunes por superar, que parecen válidos, tanto para las autoridades en todos los niveles de gobierno como para población. Los retos están ahí, habrá que superarlos.

Espero que la lectura de la siguiente investigación, no sólo sea para los administradores públicos veracruzanos, sino también para todos aquellos que pertenecen a México, deseando que sea una fuente de lección cotidiana dentro de sus reflexiones, con la intención de que los ayude a tener sus propias soluciones.

CAPÍTULO I

El nuevo modelo de gobierno

¡Es tanta la ceguera de los hombres que hasta de su
misma ceguera llegan a gloriarse!

San Agustín (1970)[6]

1.1 POLÍTICA Y GOBIERNO.

ES DEL CONOCIMIENTO de todos que la política es parte del ser humano. Dentro de tal reflexión filosófica, sobre el hombre político, *zoon politicon*, su condición y comportamiento no son más que una prolongación de la ética, por tal motivo la teoría clásica, sobre todo, la aristotélica, está de acuerdo con que la política es, ante todo y sobre todo, educación y transformación moral del hombre. En efecto, la política tiene por función principal el bien público, mientras la razón de Estado, procura preferentemente el bien de los que son los jefes de las repúblicas, para conservarse a sí mismo y la forma de dominio que han escogido o ya posee.[7]

También sabemos que la política es parte de nuestra vida cotidiana. Por ello, es necesario señalar que el objeto de estudio de la ciencia política es la autoridad, llamada a gobernar al conjunto de los conocimientos humanos. No obstante, la autoridad no implica un sometimiento irrecusable injusto del gobernado y, menos, al conjunto de la población. La cultura de un Estado es la base del concepto de la autoridad que prevalece en su política. Hoy en la actualidad el funcionalismo angloamericano lo viene implantando como liderazgo político, lo cual es importante advertir al lector sobre dicho esquema ideológico, ya que por desgracia algunos académicos mexicanos empiezan a reproducirlo.

---

[6] San Agustín, (1970) p. 41.

[7] Settala (1988) Existe una razón de Estado, para cada forma de desgobierno, como son: la tiranía, la oligarquía y la democracia.

La categoría de "liderazgo" bien se puede utilizar para la capacitación de la dirección de empresas o del modelo administrativo de Calidad Total, pero no para el análisis en la teoría política.

La autoridad gubernamental es la que toma las decisiones políticas en el medio público, en contraste al que se realiza en el ámbito personal o privado. Es importante comentar que el conjunto de decisiones tomadas por la autoridad política, constituye lo que se conoce como "sector público" de un país o sociedad. Sin duda, gran parte de lo público que en los últimos años ha crecido en países como el nuestro, no así en estados desarrollados o sociedades abiertas.

El comportamiento del gobierno así como el sector público, depende del principio político que se encuentre gobernando en ese momento. Por ejemplo, un gobierno de carácter oligarca, en donde la clase social en el poder es precisamente la plutocracia, su interés exclusivamente será la ganancia, así como la acumulación de riquezas, para unos cuantos. En esta forma de gobierno, el provecho es para el sector privado, por tanto su sector público será reducido, pues tendrán que ser los privados los encargados de regir la economía, además de generar empleo e inversión privada. En este gobierno con principios oligárquicos, la doctrina económica del liberalismo será prioritaria, sobre todo por la defensa a ultranza de la propiedad privada, misma que no concesiona el subsuelo ni el área espacial

En países capitalistas como Estados Unidos, Alemania, Gran Bretaña, Suecia, entre otros más, los fondos fluyen del sector privado y un porcentaje mínimo del sector público. Dichos gobiernos oligarcas, han tratado de reducir al máximo la participación del Estado en la economía. Si bien los programas sociales en estos países son parte de la legitimidad de sus gobiernos, cuando estos son parte fundamental en las políticas públicas de algunos gobernantes, de inmediato son mal vistos por los dueños de gran capital. En el caso anglomericano, en el año de 1968, Martín Luther King, el dirigente negro demandaba que ya no se demorará el combate a la pobreza y sobre todo la discriminación racial. Los resultados de dichas demandas fueron fatales para el guía moral de esa tendencia.

Ahora bien, en los gobiernos democráticos, en donde la clase pobre es la suprema, por haber conquistado el poder a través de las armas, me refiero a las revoluciones de masas, el sector público, será grande por no decir enorme, debido a que el Estado popular es quien lleva en sus hombros la rectoría de la economía. En estos países democráticos o socialistas, como fue en su momento la Ex-Unión Soviética o bien en Cuba actual, no existe la iniciativa privada y menos la propiedad privada.

Si bien en las naciones capitalistas, la doctrina económica es la del liberalismo, en los países socialistas la doctrina económica es la Marxista, en la cual están los basamentos de esos gobiernos. Son dos esquemas de gobierno igual de siniestros, me refiero al gobierno oligarca y el democrático, en donde la demagogia a través de sus aparatos ideológicos así como los represivos son la que los sostienen. Precisamente la ideología como falsa conciencia, es un instrumento para hacer pensar que el mundo parece ser más sencillo de lo que realmente es. Ambos principios, gobiernan de forma extrema, lo cual implica una tendencia hacia el autoengaño, independientemente de las virtudes que puedan tener sus gobernantes.

Ahora bien, la pregunta será: ¿Qué principios políticos en su forma de gobierno tiene México? Este es un cuestionamiento que una gran mayoría se consulta. Oligarca, no es, pues de acuerdo a la Carta Magna, todavía no existe una propiedad privada, como sucede en los países capitalistas. Tampoco es democrática,[8] ya que el esquema económico no es Marxista, pues en la democracia se da el reino de la corrupción de la libertad, su carácter seductor le viene por estar poblada de hombres surtidos, representantes de todos los caracteres y procedencias. Aunque existe también una corrupción de la libertad en los gobiernos de oligarquía, con la finalidad de contar con un libertinaje económico a favor de los ricos.

Preexisten observaciones respecto a la forma de gobierno en México, las cuales resultan interesantes, podría señalar que hasta incisivas algunas de ellas. Sin embargo, únicamente iremos al esquema de la definición histórica para evitar confusiones. Lo que sí podemos señalar es que la Constitución de 1917, antes de las 500 reformas, que lleva hasta la fecha, fue una de las más completas de todas las que ha tenido México en su historia independiente. Sobre todo, en el ciclo donde los presidentes mexicanos fueron militares surgidos de la Revolución Mexicana de 1913, hecho que es un parteaguas en la historia

---

[8]   Marcos (2010) Patricio Marcos, es profesor de tiempo completo en la Facultad de Ciencias Políticas, autor de: *El liberalismo mexicano*; *Cartas mexicanas*; *Los nombres del imperio*; *Lecciones de política*; *Diccionario de la Democracia* entre otra obras más señala que; la democracia es una pandemia moral, que abrasa al mundo, debido al surgimiento de las llamadas sociedades de masas [...] comenta que la libertad crea más zánganos en el Estado democrático de los que había en el Estado oligárquico., p. 439. Las controversias sobre el significado de la libertad han sido frecuentes por estas razones.

social y política del país, fueron ellos quienes le dieron a México una forma de gobierno republicana.

Es precisamente el general Plutarco Elías Calles quien pone orden no únicamente en la institucionalización, sino principalmente en el esquema de la sucesión presidencial, basándose en los artículos 84 y 85, con los que se evitará los nuevos desatinos de quienes desean perpetuarse en el poder. Según Aristóteles, existe un riesgo muy grande el querer reformar la constitución de un Estado. En el siglo XVII Burke, el brillante irlandés plasmó, lo que ya había señalado el estagirita y, en su obra dice que: si las instituciones se cambian o se modifican de forma rápida y radical, se destruirá el pueblo.

En la vida política de México se halla en toda su historia un poder unipersonal con diferentes centros de acción, respondiendo por lo regular, al régimen presidencial de autoridad central. De ahí el obstáculo fiel de conformar una federación de entidades locales, y menos pensar en razón de lograr una gran Nación, un dilema que llega hasta nuestros días. Se observa fielmente, que en la mayoría de los intervalos históricos, cuando los mexicanos han podido constituirse y, lograron plasmarlo en una constitución, la tendencia siempre fue la de concentrar las facultades en el ejecutivo y, ocasionalmente en el legislativo. Cuando esto último ha sido así, todo se convierte en un fracaso.

Esa es parte de la cultura mexicana, la centralización gubernamental dentro de un régimen presidencial que lleva inmersa la esfera administrativa, económica, y cultural. Al parecer ésta es la forma de gobierno, que mejor han aceptado los mexicanos con las correspondientes molestias que han resultado exasperantes para algunos, pero aceptables para una gran población no ilustrada e incluso dicha situación ilustrada. Fue una ventaja para los pocos, pero una gran desventaja para la Nación cuando no han existido hombres que pretendan gobernar para todas las clases sociales basado en el principio político republicano

Retomado el tema sobre el tema de la Carta Magna, en donde se implantó en México un gobierno republicano, en donde se dio cabida a todas las clases sociales. Un gobierno en donde administró, lo mismo para la clase empresarial; la militar; la clase obrera; la campesina sin detrimento de alguna de ellas. La propiedad debió ser pública, administrada por el Estado, ya que se carecía de una clase oligarca tanto financiera, industrial como comercial. La única en la que existía una buena parte era la terrateniente en su mayoría extranjera.

En la actualidad a pesar de que continúa la misma constitución de 1917, el presente gobierno mexicano, administra a favor de los intereses privados. Por lo tanto sus funcionarios se comportan con principios oligárquicos, en donde la gran mayoría se interesa más por la recompensa que por sacrificarse en los intereses nacionales. Así que en México, debido al régimen presidencial unipersonal que tenemos, es de acuerdo a los intereses del gobernante, en cómo se comportará no únicamente su gobierno sino sus servidores públicos. Han sido los intereses de grupos, los que han modificado el principio político del gobierno mexicano, ya que el interés implica un derecho o una expectativa de recompensa, mismo que tienen aspectos subjetivos y objetivos.

Se ha dado en los últimos treinta años, tanto en la actividad política nacional como regional, una multiplicidad de casos de grupos y organizaciones políticas, e incluso gobiernos, que han prestado mucha atención a situaciones que han resultado completamente inconvenientes no solamente para la población sino para el mismo Estado Mexicano, el cual pareciera que viene en decadencia. La historia está llena de ejemplos y casos. Al día de hoy da la impresión que cada entidad federativa se estuviera manejando al ritmo y antojo del gobernante en turno, dichas acciones pueden con el tiempo afectar la estructura de lo político del país.

En el presente, el gobierno federal le viene dando prioridad a la clase oligarca, realidad que se refleja en algunos gobernadores, quienes administran sobre el principio de la doctrina económica del liberalismo.[9] Sin duda, el liberalismo moderno utilizado por los gobiernos actuales es equivalente a la organización del nuevo esquema de la clase rica mexicana; de ahí las constantes privatizaciones de las empresas públicas.

Sin embargo, algunos teóricos políticos ante el fenómeno que viene sufriendo el país, únicamente han tratado de justificarlo, contemplando lo que sucede y únicamente tratando de mantener la estabilidad social, sin vislumbrar cambios importantes. Los estudios que algunos intelectuales orgánicos muestran, son de comportamientos sociológicos, sin ningún compromiso preponderante en razón del país. Estudiosos que no han podido proporcionar una imagen adecuada de la riqueza y los procesos políticos y administrativos y de sus interminables sorpresas. Locke (1984) el padre del liberalismo moderno en el capítulo primero de su *Ensayo Sobre el Gobierno Civil*, señala que:

---

[9]   Reyes Heroles (1994) Es justo comentar que la formación del liberalismo mexicano, estudiado por el maestro y uno de los grandes pensadores, el pedagogo Jesús Reyes Heroles, nada tiene que ver con lo que hoy ideológicamente se llama neoliberalismo, mismo que como ya lo señalamos dentro del texto, es eminentemente oligárquico, son dos resultados diferentes, que en definitiva han cambiado la realidad mexicana. Sin duda, el liberalismo mexicano es el tema actual de mayor trascendencia en el presente y futuro del país.

Entiendo, pues el poder político, el derecho de hacer leyes que están sancionadas con la pena capital, y, en consecuencia, de las sancionadas con penas menos graves, para la reglamentación y protección de la propiedad; y el de emplear las fuerzas del Estado para imponer la ejecución de tales leyes, y para defender a éste de todo atropello y todo ello únicamente en función del bienestar general.[10]

La población mexicana en estos últimos treinta años ha sufrido todo tipo de gobernantes; les ha faltado una visión política para lograr una continuidad y visión de Estado a largo plazo. Los empresarios mexicanos tampoco han sabido jugar su papel. Desde hace muchos años han tenido una sujeción al gobernante en turno. Sin duda es una visión paternalista para hacer negocios, en este esquema, en los últimos dos sexenios, algunos de ellos, se han convertido en verdaderos grupos de presión que poco han ayudado a México por sus constantes pugnas y divisiones, perdiendo la oportunidad para crear riqueza en el Estado Mexicano.

Ahora bien, el grave dilema que se presenta respecto a este trabajo de investigación, es que actualmente, como parte de los errores cometidos por gobernantes de principios oligárquicos, estos han insistido en ver al sector público como la panacea. Es decir como parte de lo privado y no de lo público. La inserción de una buena cantidad de estos empresarios, quienes han preferido estar en la administración pública, que formar una dinastía familiar de empresarios, ha llevado al país a la anarquía.

El no contar con un gobierno federal responsable, que cuente con un proyecto concreto de país, mismo que no ha realizado tomas de decisión profunda en materia política, económica y social, da como resultado que los gobiernos locales se hayan disparado. Sin duda, este país se ha negado al progreso en todas direcciones. El gobierno republicano nacido en 1917, ahora es un rehén de un grupo de familias ricas de aviesos intereses partidistas, en donde ese todo compuesto de partes llamado el Estado Mexicano, viene en caída libre sin que nadie se atreva a redefinirlo.

En el régimen presidencial mexicano es fundamental contar con una buena autoridad al frente del Poder Ejecutivo, debido a sus enormes facultades constitucionales, mismas que puede hacer valer para lograr una acertada

---

[10] Locke (1984) Sin duda la teoría de Locke se refiere a un mundo de individuos dotados de propiedades y autosuficientes, defendidos por un Estado de Derecho. Es decir un individualismo, con propiedad y derechos naturales.

MARIO RAÚL MIJARES SÁNCHEZ

dirección al país. La cultura mexicana íntimamente dentro de su principio democrático, es relativamente sencilla de gobernar, pues la obediencia al presidente, es un hábito de siglos, en donde el pueblo mexicano ha tenido un hombre fuerte al frente de la Nación. Precisamente esos hábitos de subordinación, refuerzan y fortalecen las probabilidades de imposición, debido a que esos hábitos son en cierta manera un socio invisible del gobierno.

En seguida hablaré de los gobiernos eficientes. Mientras tanto es importante señalar que una buena autoridad política, lo llevará al arte de lo posible, sobre todo para ser eficaz será necesario que tenga el conocimiento sobre el comportamiento de su pueblo; el estar al corriente, puede alcanzar los resultados deseados. El poseer un gobierno con definiciones claras, lo puede llevar a una capacidad importante de corregir acciones y errores, situación que es decisiva para lograr un buen gobierno.

Ninguna sociedad puede cambiar sus hábitos o patrones de vida sin la mediación del gobierno con todos sus aparatos represivos e ideológicos. Ya sean los medios informativos como: la televisión; las radiodifusoras; la prensa escrita; así como la misma escuela e incluso la iglesia. Es el gobierno quien ejerce sus asuntos sin interferencia alguna, sobre todo en sociedades tribales como la mexicana.[11]

Otros aspectos a considerar son: cómo retomar la ruta perdida de la república mexicana. Qué tanto la población actual estará dispuesta a apoyar a un gobierno que tomará decisiones trascendentales en apoyo de los más necesitados. Cuánto demorarán sus niveles de aceptación, como lo ha demostrado la historia universal en otros estados. Más adelante exploraremos estas cuestiones de tomas de decisión en una autoridad legitimada en un alto porcentaje, lo que nos llevará a una autodeterminación del gobierno mexicano. No obstante, es necesario recordar que aun en los países más poderosos también poseen sus limitaciones en cuanto a la toma de decisiones.

Es razonable comentar que la visión de la teoría política nos puede llevar a conocer las causas de los principales problemas a mejorar; así también, ayuda a explorar las diversas perspectivas. Con el enfoque político se logran patrones

---

[11] John Adams, escribió de cómo el pueblo anglonortemericano cambio sus patrones de vida, después de conflicto de la Guerra de Secesión, una vez que las oligarquías se pusieron de acuerdo y la plasmaron en su Carta General, señala que esa transformación ha sido la más importante en ese país sin llegar más a la violencia. Señala sobre el "New Deal" en 1930, un periodo importante en la vida del pueblo Norteamericano.

legítimos, los cuales se encontraran dentro del arte de lo posible, hecho que nos puede transportar a la búsqueda de patrones importantes y sobre todo fundamentales. Para ello, es necesario contar con un solo proceso de decisión, en donde hombres y mujeres se pueda lograr un destino común.

Regresemos al gobierno en acción. El estadista debe conocer la forma de gobierno adecuada en la generalidad de los estados. Al respecto el Dr. Patricio Marcos nos señala que:

> Existen tres categorías básicas que el estadista no puede ignorar: "El gobierno mejor", "El gobierno posible" y "El gobierno fácilmente accesible a todos."[12]

Es a través de una buena autoridad, como se puede obtener una serie de valores. La autoridad es un fenómeno crucial en todos los sentidos, sobre todo, en la influencia que puede tener con su pueblo. El gobierno mejor no admite matices, salvo el principio real con el que arrancan todas las sociedades. En cada transición política se puede observar estos fenómenos; determinados por el tipo de conquista del poder y la clase social que la implantó.

Pero lo que es determinante es la elección de la autoridad máxima que prevalezca en él. Ambos factores determinan la participación que las partes de ese todo tengan en la constitución del mismo Estado. El caso es que entre más plural sea la participación de las diferentes clases sociales y de los individuos, habrá más mixtura de principios políticos, mismos que ayudarán a mejorar las formas de convivencia.

El gobierno en manos del presidente mexicano puede imponer resultados y producir cambios buenos o virulentos. Hace algunos años había una publicidad que señalaba; "entre el poder sobre la gente y el poder con la gente". Karl W. Deutsch comenta que: "Mientras los marineros del Bounty no pudieron coordinar sus acciones, el Capitán Bligh era invencible; en cuanto se aunaron sus esfuerzos; Bligh, quedó fuera de combate. Si hubiesen coordinado sus actividades aún mejor, tal vez habrían llegado a una isla más cómoda que la Pitcarin".[13] Es la posibilidad de promover la coordinación y la cooperación mutua entre los individuos, misma que pueda ayudar a descubrir sus propias fuerzas.

---

[12]   Marcos (2010) p. 807.
[13]   Karl W. Deutssch (1988) p. 47.

Algunos autores le llaman el prestigio de la autoridad. El cual es el valor más deseado por todos, que va desde el padre con sus hijos, hasta el maestro son sus estudiantes, pasando por el jefe con sus empleados y el gobernante con sus gobernados. Todo ello tiene que ver con el respeto intangible, que implica la procedencia que se concede a la autoridad; la prioridad dada al mensaje; la confianza; la oportunidad de progreso en la vida y sobre todo la posibilidad de que los gobernados respondan a las necesidades de la máxima autoridad, de ahí la importancia de que ésta sea legitima y no únicamente legal.

En el diseño de política y administración es importante comentar que cuando el Presidente de México o bien el gobernador de una entidad federativa, desean obtener algo, echan mano de su aparato administrativo en las distintas dependencias, para que así elabore un programa de acción. Ante ello necesita hombres y mujeres así como de instalaciones para poner en acción su política pública en ese momento. Esto es importante comentarlo de principio a fin del trabajo, pues es la tesis fundamental a defender, en el caso de apelar a una buena autoridad por parte de sus subordinados. Si la autoridad máxima envía sus demandas, y el jefe de la dependencia, así como sus subalternos, no sienten entusiasmo realizando el programa, se puede llegar a gastar una buena cantidad de recursos, simulando que lo hacen.

Ahora bien, en todas las épocas de la historia el gobernante en turno ha dependido de sus subalternos y del personal que lo rodea para que lleven adelante su toma de decisión. Sin embargo, no siempre sus administradores han llevado hasta las últimas consecuencias sus deseos, hay miles de ejemplos. En Francia, Luis XVI deseaba mejorar las finanzas de su gobierno que se aproximaba a la banca rota. Así, nombró a destacados banqueros privados para que redujeran el gasto y aumentaran los ingresos del gobierno, recaudando impuestos a los nobles y al clero. El caso es que Luis XVI y sus hombres de confianza enfrentaron una oposición feroz de estos grupos de presión que rodeaban al rey; fueron despedidos. Finalmente el gobierno llegó a la banca rota; Francia se vio envuelta en la revolución y el rey fue decapitado.

Acorde a lo anterior, este es uno de los riesgos de no contar con un buen equipo de trabajo, hombres clave que rodeen a los mandatarios. No puede haber hombres plurifuncionales por mucho que sean tiranos unipersonales como Hitler o Mussolini, incluso Stalin necesitó de su poli´buró para poder sostenerse en el gobierno. Es por ello que la autoridad, cualquiera que sea, deberá cuidarse de realizar actos despóticos, que lleven al materialismo de la violencia, en donde tal vez no sea una violencia física pero si moral.[14]

Hasta aquí se ha realizado un breve bosquejo de lo que es el gobierno en diferentes modelos políticos e incluso en el caso mexicano; los dos niveles de gobierno, el federal y el estatal. Quizá podríamos continuar indagando sobre los procesos políticos y las actividades humanas dentro de la dialéctica del gobernante y los gobernados, recordando que el gobierno romano se basaba en la indiferencia política del grueso de la población. Sin embargo, la más profunda devoción terrenal de Cicerón fue la *Constitución de Roma* y especialmente su *Ley de las Doce Tablas*. Por ello fue calumniado en un mundo romano que había comenzado a perder el respeto a ambas, y esto también es cosa familiar para nosotros los mexicanos.

Es claro que existen algunas modificaciones en algunas partes del mundo respecto a sus gobiernos. Sin embargo, las pasiones humanas son las mismas desde hace siglos; sería una falacia señalar que en la posmodernidad no existan tiranos como antaño: que no existan oligarcas que busquen la ganancia como antes de la Era Cristiana. Es demagógico pensar que la llamada sociedad civil va a modificar las cosas. Es burdo especular que exista un cambio cualitativo entre los gobiernos y la sociedad. El problema es que la población responde a los acontecimientos no sólo en términos de lo que sucede, sino también en términos de lo que cree que está sucediendo. A lo anterior se le llama falsa conciencia, el creer todo aquello que nos recetan los medios de información, sea publicidad privada o propaganda pública, pues por desgracia el grueso de la población responde a las imágenes o mensajes, que le introducen en la cabeza.

Apreciable lector habrá que recordar que no existe nada nuevo bajo el sol, o como versa la máxima aristotélica que señala que: en Política ya no hay nada que decir. Lo expuesto en líneas atrás señala que es por la sencilla razón de que las pasiones del hombre son las mismas, pone el ejemplo: "La irascibilidad, temeridad, desvergüenza, desenfreno, envidia, lucro, prodigalidad, jactancia, adulación, servilismo, voluptuosidad, vanidad entre otros más".[15] Por ello es

---

[14] Marcos (2010) Escribe que de por sí es lamentable la reducción de la vida humana a los goces materiales. Toda vez que rebaja al hombre a una vida semejante a las de las bestias, de comida, bebida y sexo. Cuando dicha degradación se aplica a escala masiva y uniforme por los medios morales e intelectuales del bienestar material, entonces la depravación de los goces prohibidos parece un mal menor comparada con los goces permitidos., p. 851.

[15] Aristóteles (1982) p. 549.

MARIO RAÚL MIJARES SÁNCHEZ

que pienso que algunos politólogos posmodernos se engañan a sí mismos, suponiendo que todo el tiempo están innovando con sus ideas nos persuaden de manera total, algunos de estos son los ahora profetas posmodernos.

Para abundar sobre la querella entre los antiguos y modernos, vale la pena consultar la obra del Dr. Patricio Marcos, *Diccionario de la democracia*, en donde el lector podrá consultar todo este largo proceso del quehacer del *zoon politicon*. Todos estos procesos políticos son el resultado del mismo devenir histórico del hombre en la sociedad entera. Lo que le sucede a la sociedad, ocurre a causa de la interacción continua y generalizada por esa conducta política tan llena de pasiones, dentro de las decisiones en los patrones económicos, sociales y culturales de la sociedad.

1.2. La gobernabilidad de la eficiencia.

> Es muy digno de notarse que en todos los casos que consigna la historia antigua, en que el gobierno fue establecido previa deliberación y con el conocimiento general, la tarea de formarlo no estuvo encomendada a una asamblea, sino que se desempeñó por un sólo ciudadano de extraordinaria sabiduría y reconocida integridad. Madison (1982)[16]

De acuerdo al primer apartado de este primer capítulo, quedó plasmada la definición de gobierno. No obstante es preciso recordarla una vez más. Ahora respecto a la gobernabilidad. Dicha cualidad es la de dirigir, pilotear llevar el control de los procesos. De tal modo, que la preocupación primordial en el presente subcapítulo, es la de sostener la tesis central: presentar las causas y las propuestas para que el gobierno local dirija y logre un eficiente desarrollo con resultados rápidos en beneficio de la población en general. La participación y proceso de orientación se deberá realizar dentro de un esquema institucional en la administración pública.

Posiblemente este sea un tema que le preocupa a un gran número de hombres y mujeres que se encuentran al frente de un gobierno a nivel global.

---

[16]   Madison (1982) En 1978, Madison escribió en *El Federalista*, dicho artículo para el Estado de Nueva York.

Será a partir de una proposición teórica, la única manera para lograr instaurar un gobierno que sea capaz de remover todo aquello que sea un caos. Para ello habrá que obtener una alternativa política, económica y social, dejando de lado toda posible simulación, pues las herramientas teóricas que se esbozan es posible aplicarlas en la práctica.

Se puede asegurar que el gobierno estatal, tal como le llama De Tocqueville (2001),[17] "el gobierno del pueblo o de los muchos", es un fenómeno que se ha perdido en muchos países incluyendo a México, todo ello por gobernar con principios oligarcas. Es necesario poner atención mostrando una postura vertical, para que el responsable del gobierno estatal pueda asumir una estabilidad política y el fortalecimiento de sus instituciones republicanas.

Es justo insistir, así como explicar que en los últimos años la escuela del funcionalismo se ha apoderado de una buena cantidad de estudiosos de la ciencia política, donde los politólogos de casi todo el mundo, vienen imponiendo conceptos como "liderazgo carismático" "vacío de poder" "sistema político" "calidad en la democracia" entre otros más. Sin embargo, han dejado fuera la categoría de la teoría política como es: el de autoridad. Dichos conceptos del funcionalismo contemporáneo tienden a socavar los fundamentos de los principios del análisis político. Dicha corriente ha reducido a la ciencia política a una forma de hacer ideología. Esto mismo sucedió por muchos años con el Marxismo, cuyas categorías económicas, desplazaron también a las de la teoría política. Como conclusión puedo señalar que todo lector sincero y jóvenes estudiosos de la ciencia política y administración pública, sacarán de estos importantes hechos las conclusiones pertinentes.

Una vez aclarado este punto se puede seguir señalando que para lograr la institucionalización del orden político y administrativo, es fundamental entender que la autoridad es la responsable del gobierno estatal, la cual debe ser infalible. Una autoridad severa, no necesariamente es tirana. La ausencia de autoridad, lleva a fuertes tensiones, convulsiones o conflictos políticos. En ese caso las instituciones políticas y administrativas resultan insuficientes. De ahí que muchos gobiernos tiendan a crear y hacer obesa su administración pública. Es por ello, que la autoridad gubernamental, debe pretender a una armonía entre todas las clases sociales. De otra manera sería un esfuerzo aislado que no llevaría a ningún lado.

El escenario político de las entidades federativas afortunadamente todavía está vigente y rescatable. Una de las causas, es porque en más de sesenta años

---

[17] De Tocqueville (2001)

MARIO RAÚL MIJARES SÁNCHEZ

se viene votando por el mismo partido político, aunque cada vez menos, debido a la gran brecha existente entre lo rural y lo urbano. En buena parte las movilizaciones rurales contribuyeron a la participación en favor del voto. Fue gracias al reparto agrario cuando desde hace años este ambiente campesino fue cooptado por el Partido Revolucionario Institucional (PRI)[18], el cual en el curso de más de medio siglo de existencia, ha contribuido a configurar de manera decisiva al régimen mexicano. Lo mismo había sucedido con la clase obrera después del artículo 123 de la Carta Magna de 1917. La misma organización de estas clases en sectores, llevó a que fuera sencillo para el PRI, contar con un buen número de votantes. Sin embargo, la evaporación de estos sectores, el abandono de los jornaleros, ejidatarios, así como a los obreros del país, que se venía dando hacia treinta años aproximadamente fueron relegados. Un proceso de desmovilización campesina, obrera y popular, no solamente de una baja capacidad de activación política, sino que se atomizaron dichas clases sociales.

Algunos intelectuales mexicanos han venido asegurando que el Estado Mexicano se encuentra infectado, no solamente de corrupción política y económica, sino también por una serie de calamidades públicas, mismas que son materialmente dramáticas como la inseguridad o la salud entre otras. Dicha infección, como es lógico, está también en los tres níveles de gobierno.

En relación con la enfermedad social, si la autoridad máxima, ya sea federal o estatal, ve que el padecimiento se agrava cada día y, comprende que no es posible demorar más tiempo en la aplicación de la medicina eficaz, sin correr el riesgo extremo, sobre todo después de hacer un diagnostico fríamente, primero erigirá a los mejores especialista de su confianza: Dichos médicos sociales, usarán como bisturí categorías políticas, económicas y administrativas para intervenirlo quirúrgicamente, además de asistirlo. En la convalecencia del paciente se le seguirá atendiendo pero ya con un mínimo de recetas.

Una de las entidades enfermas es la veracruzana: tal es su situación en este momento. Uno de los gritos desesperados que atrae mi atención es la desigualdad social cuantitativa y cualitativa que sigue existiendo en esta época. Son los enormes rezagos y divergencias entre la población regional veracruzana. Al conocer la historia, dentro de sus diferentes ciclos políticos, consumados durante un largo periodo, la clase pobre tanto rural como urbana, siempre ha salido afectada, dentro de los intervalos políticos de ya varios sexenios

---

[18] Garrido (2003) Para ampliar sobre el tema véase: Luis Javier Garrido, *El partido de la revolución institucionalizada, La formación del nuevo Estado en México (1928-1945).*

anteriores. Las graves complicaciones políticas y sociales de sometimiento se dieron, y se continúan dando, quizás en menor escala, pero son las mismas que por desgracia siguen cumpliendo desde hace más de dos centurias aproximadamente.

La corrupción y la desigualdad tendrán que acometerse con severidad por parte del gobernante, a través de políticas públicas[19] regionales, económicas y sociales que conlleva al desarrollo de la entidad. Todo esto, para industrializar el ejido, la urbanización, alfabetización entre otros, hasta lograr una consciencia política en los distintos sectores de la población. En definitiva, no son las obras de deslumbrante infraestructura ni propaganda gubernamental las que hacen una buena política pública de gobierno.

Por todas las características enunciadas hasta ahora, es pertinente aclarar que debe existir respeto al orden político[20]. Por lo tanto es importante señalar que hay una enorme diferencia en que: no es su forma de gobierno, sino al grado de gobierno con que se cuenta. Rousseau, en su estudio sobre la lógica de las cosas: *la logique des chose,* afirma que las cosas tienen una lógica propia y que puede ser necesario actuar de acuerdo con *la lógica de la realidad,* en lugar de hacerlo con la lógica de la ilusión popular. Pero si usted no quiere leer la obra de Rousseau (2008), como la de *Emilio y la educación*[21] puedo citar a los abuelos de este país, quienes sabiamente nos decían que había que utilizar el "sentido común", el cual desafortunadamente ya lo dejamos de manejar.

Volviendo al grado de gobernabilidad que debe existir, este será de acuerdo al principio político que maneje la autoridad máxima, me refiero al Poder Ejecutivo en turno. Aclarando, cada entidad tiene sus funciones específicas, debido a que estos constituyen una comunidad política en donde impera forzosamente un consenso. De ahí la importancia del grado de legitimidad con que debe contar un gobernador. Al tener un consenso alto, la población compartirá con la autoridad la misma visión política de las cosas. Desde las tradiciones hasta la cultura en la que se encuentren basados sus intereses de clase.

---

[19] Mijares (2007) "Entiéndase como políticas públicas, "todo aquello que hace o deja de hacer el gobierno", p.7.

[20] García-Pelayo (1981) señala que; "La aparición del orden político en la historia tuvo lugar entre los milenios IV y III, como un fenómeno necesariamente vinculado al nacimiento de las altas culturas [...] tales culturas suponen la fijación y jerarquización de fines colectivos [...], p. 11.

[21] Rousseau (2008)

MARIO RAÚL MIJARES SÁNCHEZ

Ahora bien, una de las ventajas o fortalezas con las que contamos en México es que finalmente logramos constituirnos como país después de casi cien años de constantes luchas, de gobiernos y desgobiernos. El caso es que el país, a pesar de lo enfermo que está, todavía posee instituciones políticas sólidas, flexibles, coherentes; una burocracia estable aunque ineficiente en algunos casos. Una participación social considerable en las elecciones. Además procedimientos. Todo un basamento para continuar cobrando impuestos y, reclutando mano de obra, así como para crear nuevas dependencias y organizaciones. Todo ello es suficiente para ir frenando los conflictos políticos que se presenten.

Por otra parte, las debilidades que muestra el enfermo, mismas que están marcadas como focos rojos son: carencias en muchos sentidos que dan como resultado la pésima distribución de la riqueza; escases de alimentos. El analfabetismo el cual estriba en un déficit en la educación. Improductividad, insalubridad que deberán ser reconocidas por el responsable para continuar superándolas antes de que sea demasiado tarde. Dentro de este esquema de debilidades se encuentra el déficit de una comunidad política y de gobierno eficaz, representativo y legítimo. Tema que será tratado en el subcapítulo sobre "los gobiernos eficientes".

Lo anterior me da la pauta para señalar la pérdida de credibilidad en la legislatura local y los tribunales, así como la fragmentación de las organizaciones políticas e incluso de los medios de información estatal. El deterioro de estas instituciones como la incidencia de los episodios de violencia, también podrían en un momento dado tornar más dramática la catástrofe regional. De ahí la necesidad de no permitir el descarte de la autoridad, ni mucho menos su capacidad para gobernar con eficiencia y legitimidad dentro de este orden político local.

La pregunta que hace la gran mayoría de la población adulta y juvenil, respecto al tema es ¿Cuál es la causa de toda esta violencia e inestabilidad en nuestro país?, pues es habitual que nos digan los efectos pero no las causas. Estamos inmersos en mitos e irracionalidad como forma de pensamiento. Retornemos nuevamente a la tesis primigenia de este trabajo de investigación regional, y que han constituido una gran parte de resultados del rápido deterioro político y social conjuntamente con el lento desarrollo de los nuevos modelos administrativos de calidad.

Si se usa en juicio se podrá hacer una paráfrasis del lenguaje alusivo De Tocqueville, respecto al tema, al decir que:

> Entre las leyes que rigen las sociedades humanas, hay una que parece seguir vigente y clara que todas las demás. Si los hombres quieren seguir siendo

civilizados o llegar a serlo, el arte de asociarse debe crecer y perfeccionarse en la misma proporción en que aumentan las oportunidades.[22]

El caso es que para contar con un gobierno que tenga la visión de regir a los demás hombres, es necesario como lo sugiere Madison (1982)[23], desde hace cientos de años.

Primero hay que capacitar al gobierno para controlar a los gobernados. Y luego obligarlo a controlarse a sí mismo.

En muchas ocasiones los gobiernos han sido incapaces de cumplir con ambas funciones. Esta propuesta, la he plasmado en algunos escritos un sinfín de ocasiones, encaminado a los gobernantes y dirigentes de partidos políticos como el PRI y el PAN; no se trata solamente capacitar al mandatario estatal sino principalmente a los presidentes municipales. Debo aclarar, que dicha capacitación no es administrativa como de hecho se viene realizando en varias instituciones académicas, incluyendo al Instituto de Administración Pública IAP. El objetivo es realizar una preparación operativa de carácter político el que es casi nulo en México.

El dilema es que la gran mayoría que arriba al gobierno, tiene una carencia de información de lo que simboliza la autoridad. Ante ello, no comprenden que es imperioso que exista en el gobierno una autoridad política efectiva para lograr una estabilidad política, económica y social, que en términos teóricos, sería el subproducto del logro del objetivo socialmente deseable. El inconveniente no es crear organizaciones políticas o sociales, sino instaurar organizaciones suficientes y necesarias. Cuando se habla de la renovación política y sobre todo administrativa, implica en cierta medida la diversificación de las fuerzas sociales en la población, en otras palabras la atención para todas las clases sociales.

Para concluir tocaré un tema recurrente en todos los ámbitos de la política de México desde hace más de cuarenta años. Me refiero al tema de la tecnocracia,

---

[22] De Tocqueville (2001) Dentro del cuadro sumario [...] señala: División de poderes en la soberanía federal y la de los Estados. El gobierno de los Estados sigue siendo el derecho común: el gobierno federal es la excepción. p. 118.

[23] Hamilton, Madison y Jay (1982) En el libro *El Federalista*, se encuentran los ochenta y cinco ensayos que Hamilton, Madison y Jay escribieron en apoyo de la constitución norteamericana.

cuyo término o vocablo surgió en los Estados Unidos en el año de 1965. En las distintas definiciones que se han venido desarrollando precisamente por el funcionalismo se encuentran:

a) Tecnocracia es una estructura de poder en la cual los técnicos condicionan o determinan la toma de decisiones.

b) Es aquella sociedad en la cual quienes la gobiernan se justifican a sí mismos por apelación a los expertos técnicos, quienes, a su vez, se justifican a sí mismos por apelación a las formas científicas de conocimiento. Y contra la autoridad de la ciencia no hay apelación.

c) Se considera como tecnocrático un sistema de dirección y de gestión sustentado total o parcialmente sobre supuestos técnicos o sobre representaciones generales derivados de una concepción técnica de las cosas. Sistema que, lo mismo que burocrático, puede ser enjuiciado positiva o negativamente.[24]

En síntesis se puede decir que la tecnocracia es la presencia de una nueva clase, compuesta por tecnócratas, la que no solamente conoce a los técnicos del proceso productivo, sino también a los gerentes. Es decir es aquel que es capaz de cumplir una función necesaria para un modelo productivo, dado que este requiere de tomas de decisión.

En México la tecnocracia ha sido definida como la remoción del político por el técnico. Fue desde el presidente Luis Echeverría hasta la fecha, que los tecnócratas se encuentran encumbrados en el gobierno. En la gestión de Porfirio Díaz, estuvieron los llamados científicos quienes se comportaban precisamente como tecnócratas.

Puedo concluir que la tecnocracia a hecho mucho daño al país, ya que ésta corriente contemporánea, funge como una ideología a favor de unos cuantos. Dicha caparazón ha servido para encubrir intereses de clase. La mentalidad en la práctica de éstos parte de una cultura contemporánea.

---

[24]   García-Pelayo (1982)

Sin embargo, puedo asegurar que aún con el enorme impacto tecnológico y virtual, dentro de las estructuras estatales, éstas no podrán superar al hombre político, a pesar de que algunos gobernantes se imagine dentro de un gigantesco sistema cibernético, y dentro de sus lucubraciones mentales, pueda manejar a la población con técnicas políticas como si fueran objetos.

Un ejemplo es precisamente el proceso de privatización al que se vio sometido México, el cual dio inicio durante esta época de gobiernos tecnócratas. Todo fue con el argumento en donde se intentaba justificar su actuación, evidenciando dichas decisiones, que era la mala administración e ineficiencia de las empresas públicas propiedad del Estado, por la que se tomaba tal decisión.

No obstante, dicho proceso de privatización estaba más bien vinculado con el objetivo de sanear las finanzas públicas; pues existía un tipo de idea absurda, de que rematando las empresas públicas, podrían generar flujos de divisas para cubrir la deuda pública y privada. A pesar de que en algún momento del proceso se avanzó en ese sentido, los resultados se limitaron únicamente a la desaparición de ese sector paraestatal. El grave inconveniente es que se han seguido cerrando o liquidando, pero ahora no solamente el gobierno federal sino también los gobiernos estatales. Indisolublemente ello resulta un proceso de privatización simulado.

1.3. DEL GOBIERNO GENERADOR DE RIQUEZA.

> I'm from the government and I'm here to help. My friend doesn't work; she has a job with the government. David Osborne

> Soy del gobierno y estoy aquí para ayudar Mi amiga no trabaja: es empleada del gobierno.

David Osborne y Ted Gaebler(1992) escribieron en 1992 el libro; *Reinventig Goverment, How the entrepreneurial Spirit is transforming the public sector,*[25] el cual fue el pionero en este esquema en las nuevas formas de gobernar. Gambler es socio del Reinventing Government Network y presidente del Gaebler Grup. Una empresa que asesora delegaciones gubernamentales de todos los niveles

---

[25]   Osborne and Gaebler (1992)

para efectuar cambios. Dichos autores han tenido un enorme impacto para los presidentes en los Estados Unidos, pero sobre todo para los gobernadores estatales. Es importante que quede claro desde el inicio del tema. El peor error que puede cometer el responsable del Poder Ejecutivo, es tratar de administrar un gobierno como si fuera un negocio, como si se tratará de una empresa o corporación.

Los autores de estos modelos administrativos contemporáneos, también han logrado influjo, entre los responsables de los gobiernos a nivel mundial como son: Gran Bretaña, Australia, Suecia y Japón entre otros. De la misma manera, están los grandes consultores como; Peter Druker (1995) con textos de *Gerencia para el futuro*,[26] autor que bien podría ser el antecesor de todos estos posmodernos paradigmas. Con todo, sí se trata de ser honestos, no podemos olvidar el taylorismo, tampoco a Alvin Toffler (2006), con obras como *La tercera ola* o bien *La revolución de la riqueza*[27]. Todos ellos destacan los nuevos métodos que habrán de desarrollar los gobernantes para hacer innovaciones importantes.

La diferencia entre estos investigadores y consultores internacionales, con los investigadores nacionales, es que en esos países desarrollados, tanto el Presidente de los Estados Unidos (EUA), como sus funcionarios, así como propietarios de las grandes compañías, ¡Sí los escuchan e incluso los remuneran en dólares! En cambio en países como México, a los investigadores, ni se le escucha, ni se les paga; peor todavía, nos relegan como trastos viejos. Esa es la diferencia de la llamada economía del conocimiento en los países de sociedades abiertas, pues existe una enorme vinculación entre la academia y la praxis.

Esta sería la primera propuesta del trabajo, de que el próximo Premio del IAP, sea con la intención de recompensar al mejor proyecto viable, pero en temas concretos precisamente salidos de las propuestas de los trabajos del actual concurso, todo en razón de aumentar la efectividad del gobierno y la administración pública con vista al futuro.

Pero retornemos al caso anglonorteamericano. Como advertencia al lector, es que no se busca copiar únicamente los textos de estos importantes intelectuales. Lo que se inquiere es <adecuarlos> a nuestra forma de gobierno y administración pública, cosa que he tratado de inculcar a los alumnos de administración pública, para así evitar el llamado "refrito del refrito" caso muy socorrido para aquellos académicos sin vocación.

---

[26]   Druker (1995)
[27]   Toffler (2006)

Como una referencia teórica del tema, me veo obligado a recordar a Adam Smith quien en 1776 publicó su obra: *La riqueza de las naciones*, sosteniendo que la riqueza procede del trabajo. Después Carlos Marx aclaró que la riqueza o plusvalía viene de la explotación del trabajo. De hecho la obra de Smith es un estudio acerca del proceso de creación y acumulación de la riqueza. Este trabajo obtuvo para él el título de fundador de la economía, porque fue el primer estudio completo y sistemático sobre el tema. Principalmente en esta época de excesiva especialización, en donde no puede dejar de impresionar la amplitud y profundidad, sobre la erudición de Smith. Quien es un fiel y genuino representante del espíritu de la Ilustración Escocesa.

No obstante, por mucho que admiremos sus logros en campos tan variados, no puede negarse tampoco que la posteridad ha decidido recordarle principalmente por sus contribuciones a la ciencia económica, y su fama, que siempre se basará mayormente en su obra maestra. Justo es comentar que el trabajo incluye una filosofía de la historia donde la propensión a intercambiar su fuerza de trabajo es exclusiva del hombre, que lo convierte en el motor del desarrollo humano, porque permite la creación de riqueza y generación acumulativa de capital. Debido por tanto a la empatía y la división del trabajo se potencia el crecimiento económico, clave del bienestar social.

Si bien las teorías de Adam Smith fueron adecuadas, a lo largo del tiempo, la división del trabajo provocó la deshumanización dentro y fuera de las fábricas. El concepto de riqueza era asociado a la acumulación de bienes materiales, el cual tuvo sus repercusiones en los estilos de vida de la llamada sociedad industrial. Se puede asegurar que en pleno siglo XXI, la mayoría de las empresas, que aún no han implantado el modelo administrativo de Calidad Total, todavía funcionan bajo las premisas de Smith y Frederick Taylor.

Sin duda se han escrito millones de palabras con respecto a la riqueza y sobre los fenómenos monetarios, donde siempre me ha impresionado su ubicuidad. En el mundo moderno después de Inglaterra, los Estados Unidos son quienes más han estudiado estos fenómenos de la riqueza. Respecto a las finanzas, Aristóteles en *Política*, escribe respecto al capital financiero que: es crear algo a partir de nada, o, al menos, de nada natural. La preocupación era la usura, quien no recuerde precisamente en Estado Unidos fue la cuna histórica del uso difundido del papel moneda en el mundo occidental. Lo cual causó un enorme debate a mitad del siglo XVI, ya que todavía en esa época había alquimistas tratando de convertir estaño en oro por medio de la alquimia, y financieros que estaban convirtiendo papel en oro.[28] Habrá que leer a Edgar Allan Poe, en su cuento que se encuentra en un libro llamado *Narraciones extraordinarias*. Debería ser "*El escarabajo de oro*" donde se burla de los intentos de enriquecerse prontamente. Por cierto Alexis de Tocqueville, en su libro *De la democracia en América*, acusó al medio literario en donde trabajó Poe, acusándolos de tener "La industria de las letras", sin embargo Poe como todos los buenos escritores, vivía en la pobreza.

Se puede afirmar que en la época actual uno de los presidentes de los EUA, que más se entusiasmó en promover estos nuevos esquemas de gobiernos creadores de riqueza, fue Bill Clinton. Inclusive todavía lo sigue promoviendo en países latinoamericanos como el nuestro. El caso es que estos hombres han convencido a un gran número de teóricos y prácticos de la administración pública sobre la necesidad de establecer conjuntamente con la población, un nuevo contrato civil de servicio público.

Para tal evento es fundamental contar con un gobierno eficaz y flexible. No obstante que los autores extranjeros arriba mencionados hayan presentado sus propuestas a los gobiernos locales en México. Ted A. Gaebler estuvo en la ciudad de Puebla, el 28 de febrero de 1995, en la Biblioteca Palafoxiana. Asimismo, en la ciudad de Veracruz, donde recientemente se realizaron conferencias por parte de estos promotores de gobiernos eficientes, éstas se realizaron en el Centro de Convenciones del Estado, el World Trade Center.[29] Sin embargo, ha sido difícil la continuidad de los programas novedosos iniciados en Puebla por Manuel Bartlet. En el caso de Veracruz, todavía no hemos caminado ni puesto en marcha los esquemas mencionados.

Las ocasiones que en México se ha tratado de reducir el déficit público, abatiendo los gastos, estos han crecido más. Dichos gobiernos no han puesto orden a sus gastos, la deuda pública crece cada vez más. Si bien es cierto que en los Estados Unidos, los empresarios del gran capital, a través del Senado exigen al gobierno que cuide sus gastos pues estos son parte de los impuestos que todos pagan, en nuestro país los empresarios siguen bajo la ubre de los tres niveles de gobierno eludiendo su responsabilidad para pagar impuestos y crear empleos.

---

[28]   Para ampliar el tema véase: Marc Shell (1985) en: *Dinero; lenguaje y pensamiento*.

[29]   Center Veracruz www.wtcveracruz.com.mx, Está situado a 15 minutos del Aeropuerto Internacional "Heriberto Jara", próximo a grandes hoteles y centros comerciales y a un paso de donde circulan líneas de autobuses y taxis. **WTC Veracruz** es un recinto de clase mundial, diseñado y equipado conforme a estándares internacionales de calidad. Brinda un sinfín de oportunidades a sus visitantes y organizadores de eventos por la enorme facilidad de encontrar todo bajo el mismo techo.

El objetivo fundamental de dicha propuesta: "hacer que los gobiernos sean más eficientes y menos costosos", puedo asegurar que dada la simulación que existe en México, desde la conquista española, un buen número de personas únicamente han aprendido de memoria tal máxima reproduciéndola sin saber cómo y dónde realizarla. Me refiero a teóricos y políticos. Puedo afirmar que en las universidades tanto públicas como privadas, donde se enseña administración pública, figuran entre los niveles más bajos actualmente. Dado a que se perdió el rumbo del Estado Mexicano y con él todas las partes que lo componen.

Tal vez sea difícil explicarlo. Para que todo esto sea entendido por un mayor número de personas, será necesario recurrir al gran historiador francés Marc Blonch, este señaló:

> No alcanzo a imaginar mayor halago para un escritor que saber hablar por igual a los doctos, a los escolares y a la población en general.[30]

Ahora bien, en el caso mexicano en este momento no existe algún modelo administrativo contemporáneo y menos homogéneo. Sin embargo, dentro de los gobiernos posrevolucionarios, puedo asegurar que había un esquema burocrático, que tenía un orden organizacional; desde la época porfirista un grupo de altos funcionarios públicos, conocidos como "científicos" y prolongado años después por jóvenes universitarios. Todos ellos abogados del alemanismo, quienes estudiaron y leyeron a hombres encumbrados del Derecho Administrativo, como fueron el maestro Gabino Fraga (1982), Emilio Rabasa, Tena Ramírez, Faya Viesca y Mendieta y Núñez entre otros.[31]

Por mucho tiempo hubo un método de organización racional y eficiente, un modelo administrativo que se llamó; "Sistema de botín evolucionado" en donde los mandos de dirección, mandos medios e intermedios, tenían un aprendizaje sexenal en diferentes dependencias del gobierno.

Un régimen presidencial que muchos por ignorancia han criticado y, descalificado, el cual se encuentra desgastado pero vivo, en donde había antes de la llegada de los tecnócratas una máxima autoridad política, tal vez severa,

---

[30] Bloch (2003) Marc Blonch, nació en 1886 en Lyon, estudió en París en el Liceo Louis –le-Grand, viaja a Berlin y Leipzig, para estudiar el método de la Escuela de Historia alemana. Es materialmente asesinado por la Gestapo en la intervención alemana a Francia. Muere gritando: "Viva Francia".

[31] Fraga (1982) En esta obra se realiza toda una valoración de la administración pública al través del derecho administrativo mexicano, pasado y presente.

MARIO RAÚL MIJARES SÁNCHEZ

pero que hacía que caminaran las cosas. Puede decirse que hubo durante muchos años una organización jerárquica, respetable, debido al conocimiento de la administración pública, al grado de que el sociólogo Max Weber definió a este tipo de burocracia como:

> La razón decisiva del avance de la organización burocrática siempre ha sido su superioridad puramente técnica sobre cualquier otra forma de organización [...] Precisión, rapidez, eliminación de las ambigüedades [...] disminución de las fricciones y de los costos materiales y humanos: estas cosas se elevan a su punto óptimo en la administración estrictamente burocrática.

Con todo, no se puede decir que sea lo inmejorable, pues desafortunadamente estos gobiernos nunca permitieron la innovación en su momento, por ello se quedó rezagada. México ha sido un país centralista en todos los aspectos. Ante esta situación la ciudad de México creció de manera vertiginosa, atestada de inmigrantes de todo el país que llegaron a trabajar en fábricas impulsadas por la industrialización del momento en plena posguerra. Por otro lado, en los gobiernos estatales, se administraban como si fueran feudos particulares, principalmente en los niveles de gobierno municipal. Mientras tanto la población, principalmente rural no protestaba pues a cambio de votos por el PRI, concedían todo tipo de prerrogativas.

No obstante, dicho modelo burocrático se desarrolló en condiciones totalmente diferentes a las que hoy existen. Los avances tecnológicos como las computadoras los ordenadores virtuales entre otros, hacen que la administración pueda ser más ágil, siempre y cuando se aprovecharan correctamente. El dilema han sido los gobiernos mexicanos que no han querido avanzar lo suficiente. Aunque debemos reconocer los intentos realizados en 1981 por la Secretaría de Programación y Presupuesto[32], pero el caso es que seguimos siendo una sociedad cerrada, en un mundo interconectado en todos los sentidos. Lo anterior, hace que un país que no sea competitivo tienda a agonizar, como de hecho viene ocurriendo y que ya fue comentado en el primer subcapítulo.

---

[32] En el Instituto Nacional de Administración Pública INAP, se hicieron intentos importantes e implantó una "Estrategia de Descentralización" con la intención de lograr una mayor eficiencia, eficacia y calidad. Dicho propuesta quedó en un buen intento, aunque se llevó adelante un curso de Diplomado en Gerencia de la Regulación Sanitaria. Sin embargo, no dió mayores resultados por la sucesión presidencial del momento.

La raíz del problema es la incompetencia de los gobiernos mexicanos en los tres niveles. Esto se esparció desde la entrada de los gobiernos panistas con Vicente Fox. Así, ya dentro de un entorno con avances tecnológicos, se agudizaron las trabas El nuevo personal que entró a la administración pública, eran iniciados en la administración privada, sí con muchos títulos universitarios, principalmente una gran mayoría de universidades privadas, pero desafortunadamente con cero experiencia en el gobierno. El gravísimo problema es que todos estos jóvenes en su mayoría están en cargos en donde las tomas de decisión son fundamentales. Son servidores públicos de la era de la información virtual, administrando oficinas como si estuvieran en la época preindustrial.

Los únicos responsables de la administración pública, que son los gobernantes, han permitido la entrada de este tipo de funcionarios, pensando que ellos pudieran ser el remedio. Por desgracia para todos, ésta aparente solución finalizó confundiéndose con la enfermedad. Puedo afirmar que el problema del servidor público, no es que sea indolente, incompetente o desobligado como lo han ridiculizado los mismos ciudadanos. Lo que sucede es que no cuentan con un modelo administrativo posmoderno y, es por ello, que siguen viviendo dentro de una montaña de papeles, sin reglamentación alguna por lo que estos se encuentran sofocados y vedados para lograr cualquier propuesta innovadora.

Habíamos acordado que la definición de la palabra gobierno significa "guiar" o "dirigir", no hay por qué confundir una cosa con otra, que quede claro. El trabajo del gobierno es dirigir, no tocar un instrumento. El gobierno tendrá que proveer mientras la administración le corresponde prever. Un ejemplo fatal de esto sucedió en el sexenio que acaba de terminar en el Estado de Veracruz, en donde el gobernador quería tocar todos los instrumentos a la vez, olvidándose muchas veces de llevar el timón. Fue un gobernador que se dejó atrapar en el remolino administrativo, corrió todos los días cada vez más rápido sólo para mantenerse en el mismo lugar.[33]

Si bien en los países desarrollados han reinventado o redefinido sus gobiernos, en el caso mexicano es debido a la anarquía que se está dando en los tres niveles de gobierno, los tendrían primero que definir a través de un gran proyecto de Nación, el cual se extravió hace algunos años. Es importante que cuando los gobiernos en México decidan ser más eficientes y sus administraciones públicas, con menos cargas, no teman ser más débiles, que

---

[33]   Ese fue el tipo de gobierno durante el sexenio de Fidel Herrera Beltrán.

MARIO RAÚL MIJARES SÁNCHEZ

prueben los nuevos esquemas universales que se vienen utilizando en otros países. Para ello quizás haya que adecuarlos primero, utilizar la buena voluntad de algunos académicos que están ávidos por ser escuchados.

Tal vez los encargados de la administración pública no les interesen los diferentes niveles de gobierno. El caso es que cada vez que el gobierno federal crea nuevas dependencias o instituciones públicas, los gobiernos estatales y municipales hacen lo mismo sin tener ninguna necesidad de crearlos a esos niveles jerárquicos. En los últimos años algunos gobernantes locales utilizan el término, de secretarías u organizaciones "espejo", tal vez para verse reflejados en las dependencias del ejecutivo federal, lo cual es una necedad. Lo grave es que algunos gobiernos municipales "exageran", como es práctica en la cultura mexicana.

Para lograr instaurar un gobierno eficiente es necesario contar con una buena autoridad, que tenga una visión de largo alcance, eso que el sociólogo alemán Max Weber[34] proyectó llamándole; "liderazgo" para así explicar el gran influjo que una persona puede ejercer sobre un grupo o bien una colectividad. Para ello, los dividió en tres tipos de liderazgos:

1.- El líder carismático. Aquel que sus seguidores le atribuyen condiciones y poderes superiores a los otros dirigentes.

2.- El líder tradicional. Aquel que hereda el poder, ya sea por la costumbre de que ocupe el cargo destacado o porque pertenece a un grupo familiar que ha ostentado el poder desde mucho tiempo.

3.- El líder legal. El que asciende al poder por lo métodos oficiales, donde denota cierta experiencia ante los demás.

Es Peter Druker, con sus importantes investigaciones, quién viene a aclarar, ese esquema novedoso de "liderazgo" que bien puede ser institucional o de una empresa posmoderna. Lo que necesita este nuevo esquema en México, es un hombre encargado de dirigir con virtud de mando. Aptitud que no todos pueden tener, por más cursos que reciban, pues dentro de la dialéctica:

---

[34] Max Weber (1864-1920), economista y sociólogo alemán, quizá el más importante de todo el siglo XX, conocido por su análisis sistemático de sociología política y del desarrollo del capitalismo y la burocracia. Microsoft ® Encarta ® 2009. © 1993-2008 Microsoft Corporation. Reservados todos los derechos.

dirigente-dirigidos el primero deberá contar con la templanza y la libertad de acción necesaria, pero sobre todo, conocimiento de la organización pública o privada que pretende dirigir.

La virtud de gobernar está relacionada con el enfoque de algunos teóricos posmodernos que la entienden cómo; el arte de gobernar, pero en ambos esquemas deben de realizarla desde la toma de decisión, a través de acciones prácticas. Como ya se había señalado en párrafos anteriores, las acciones prácticas las realizan los funcionarios públicos; es decir los que tocan los instrumentos y no el director de la sinfónica. Todo ello, no está únicamente en los nuevos modelos de gobernabilidad, pues dicha práctica se ha desarrollado desde que las comunidades sociales fueron guiadas por hombres que se atrevieron a regirlos.

Los gobernantes que se concentran en llevar el timón toman decisiones políticas con el objetivo de poner en movimiento instituciones políticas, sociales e incluso económicas. En síntesis, lo que se propone en el presente trabajo es que el gobierno tome acciones concretas, olvidándose de la simulación que tanto ha afectado al país. Es decir, si sabemos que la economía de la entidad veracruzana se encuentra en banca rota, no nos vayamos por lo más espontáneo que es endeudar al Estado; mejor produzcamos riqueza empezando por el gobierno. Para ello lo único que se necesita es creatividad y trabajo. Más adelante explicaremos cómo los gobiernos deben crear riqueza y no solamente estar sacando dinero de los impuestos o bien de los recursos naturales como el petróleo.

En el mismo orden de ideas que se viene desarrollando, la búsqueda para la instauración de un gobierno eficiente, partiendo de la escuela de administración de los Estados Unidos ha propuesto un esquema innovador. Dicho esquema titulado Gobiernos Empresariales resalta la idea de David Osborne(1994), donde los gobiernos, sean creadores de riqueza con el objetivo: "de ganar en lugar de gastar".[35]

La explicación es sencilla. Por mucho tiempo en México, los administradores públicos han estado maniatados a través de numerosas leyes y reglamentos cuya justificación es que la Ley de la Administración Pública, señala que: "los servidores públicos únicamente puedan hacer todo aquello que está contemplado en la ley". Asimismo, sucede con el obsoleto objetivo de la administración pública que es: "el beneficio social", un panorama difícil para la

---

[35]   Osborne (1994), p. 283

MARIO RAÚL MIJARES SÁNCHEZ

administración pública mexicana que trabaja siempre con números rojos. Este ha sido la debacle de las empresas públicas del Estado.

Por malos manejos arriba señalados, el gobierno federal y los estatales no le han solicitado nunca resultados a los funcionarios o servidores públicos. La otra causa del quebranto de las empresas públicas en este país, ha sido: el gobierno en turno, quien ha nombrado a pésimos directores en estos organismos paraestatales, pues al gobierno no le ha interesado tener números negros, para con ellos, realizar obras de beneficio social.

De esta forma aprovecho una vez más, para señalar que si bien la ganancia es perversa, es parte de la esencia de la oligarquía, sobre todos aquellos que hacen "dinero del dinero", como son los financieros de las casas de Bolsa y los banqueros. Sin dejar de lado a los oligarcas industriales, comerciantes y terratenientes. Ese es el problema de las traducciones mal entendidas, cuando se trata de explicar sobre los nuevos esquemas de gobernar, pero no únicamente es problema del traductor, sino de los profesores que se atreven a repetir lo que dicen los textos, sin razonar sobre las propuestas y los hechos.

A los académicos anglonorteamericanos, como el caso de David Osborne y Ted Gaebler entre otros, no les crea ningún problema moral hablar de ganancia o de clientes, pues su principio político desde que nacieron como nación, ha sido de esencia oligarca, la cual está plasmada en su Constitución e incluso su madre patria fue la que finalmente implantó el Estado moderno basado precisamente en ese carácter oligarca. Dicho esquema de los EUA, se estrella con el principio político del Estado Mexicano, en donde desde que nacimos con la Carta Magna de 1917, nos manejamos sobre la esencia monárquica-republicana, incluso en donde ya explicamos anteriormente que los mexicanos no tenemos propiedad privada.

Ahora bien, en cuanto a la propuesta para *un gobierno generador de riqueza* e incluso para el caso mexicano, he preferido utilizar la categoría de; "gobiernos productores de riqueza", un término administrativo, que también utiliza

Alvin Toffler (2006)[36], quien escribe sobre la riqueza como punta de lanza; un modelo futurista de riqueza viable, al cual le denomina riqueza visible e invisible a través del "El nano como nuevo Grial tecnológico". Algo todavía incomprensible en nuestro país, pues mientras estos países desarrollados viajan en un automóvil Porche, en México lo hacemos todavía en un VW. Lo que quiere decir el autor Toffler es que nosotros empezamos apenas a escuchar y repetir, sin aún comprenderlo, de nombre que es "la economía del conocimiento". Fritz Machulup, economista de la universidad de Princenton, demostró en 1962 que en EUA, en una década, la producción de conocimiento creció más que el producto interno bruto de ese país.

El no tener claridad en los conceptos o categorías políticas, económicas, jurídicas o sociales, lleva por razones obvias a la resistencia de toda propuesta innovadora. Algunos intelectuales mexicanos ya empiezan a criticar la posibilidad de implantar un "gobierno empresarial" o bien el "modelo gerencia en el sector público", sin enterarse bien de qué se trata. Lo anterior es muy común en nuestro país, sobre todo si tal teoría o propuesta viene de los EUA. Sin duda, hay una fobia ancestral que tenemos a los angloamericanos, que muchos aún no terminan de digerir. El caso es que las mismas políticas realizadas por los gobiernos mexicanos de manera histórica han sido fallidas, como es el de facilitarles el camino a la riqueza, principalmente en la exoneración de impuestos, mismas que se han aprovechado los oligarcas de los EUA. Sin embargo, Druker (1995)[37] dice que los intelectuales mexicanos: "siguen teniendo fe en su estatismo y una arraigada desconfianza hacía el yanqui".

Se puede concluir que la causa de los problemas económicos, sociales y culturales, han sido las políticas oficiales de los gobiernos de este país, que no

---

[36] Toffler (2006) p. 27. Aclaración: nano (Símb. n) significa una milmillonésima parte. Se aplica a nombres de unidad de media para designar el submúltiplo correspondiente. Se espera que, en el futuro, la nanotecnología permita obtener materiales con una enorme precisión en su composición y propiedades. Estos materiales podrían proporcionar estructuras con una resistencia sin precedentes y ordenadores o computadoras extraordinariamente compactos y potentes. La nanotecnología podría conducir a métodos revolucionarios de fabricación átomo por átomo y al empleo de cirugía a escala celular.

Santo Grial (del latín medieval, *cratella*, copa), en la literatura medieval, cáliz sagrado que usó Jesucristo en la Última Cena y que más tarde fue buscado piadosamente por los caballeros del legendario rey Arturo.

[37] Druker (1995) pp. 85-90.

MARIO RAÚL MIJARES SÁNCHEZ

han querido desarrollarse. Ante ello es que ahora contamos con una burocracia que se encuentra atrincherada y que emana corrupción hacia toda la población en general, sean empresarios, medios de información, sindicatos, campesinos, profesores, universidades entre otros.

Para descifrar todo lo que acontece en México, hay que evitar toda la charlatanería de académicos y economistas de cabecera. Es necesario explorar nuevos horizontes dejando toda obviedad ya obsoleta. Únicamente espero que este escrito no sea tomado como si fuera un texto sobre la patología fóbica, la que se define como aquella en donde el individuo siempre está en contra de la autoridad sea pública o privada.

En Veracruz a pesar de su gran diversidad estructural, en donde se encuentra todo tipo de métodos de trabajo, se puede enunciar utilizando un adagio de Manuel Payno (2008)[38] que dice; "pecho al agua no hay que desmayar, cuando se trata de sostenerse en el agrado de gobernador". Y es que a nadie le interesa que el gobierno funcione mal o bien. Por otro lado, la crítica de los funcionarios es que únicamente hacen y aprueban todo lo que el Ejecutivo estatal quiere. Sin embargo, en el sexenio pasado, el gobernador usurpaba las funciones de la administración; mientras a los secretarios de despacho, junto con su equipo de trabajo, los hacía trabajar horas, días y semanas preparando informes, de asuntos que no eran de su competencia e incluso, sobre cuestiones partidistas electoreras. Estimados lectores, ningún tema es tan apasionante como el que provoca el gobierno. Las discusiones la mayor de las ocasiones es acalorada.

El siguiente ejemplo sobre los graves problemas que viene sufriendo el país, es parte del comportamiento de los gobiernos oligarcas en México los cuales ya había analizado en el primer capítulo. En este aspecto, se muestra el tipo de acciones que han sido manejadas arbitrariamente. En ellas vemos cómo la toma de decisión no está a favor de todos, sino de unos cuantos, dichas decisiones son funestas, como fueron los permisos a las casas de juego o casinos. El Dr. Luis Javier Garrido[39] marca la pauta de las acciones infortunadas de los últimos gobiernos civiles de esencia oligarca, los cuales crean riqueza pero para unos cuantos.

---

[38] Payno (2008) Manuel Payno en su obra *El hombre de la situación*, plasma la ambición y la vanidad humana, que no conoce límites y desea todo lo noble y elevado, hasta lo más abyecto y absurdo. 31.

[39] La Jornada (2011) El Dr. Luis Javier Garrido, es profesor de tiempo completo del Posgrado de la Facultad de Ciencias Políticas de la UNAM, su investigación es del jueves 2 de septiembre. http://www.jornada.unam.mx/ultimas/

La proliferación de los centros de juego fue partir de 2004. Los gobiernos de Vicente Fox y de Felipe Calderón multiplicaron las concesiones para estos negocios. Los primeros casinos "de estilo francés" se establecieron en México durante el porfiriato, pero fueron cerrados por la Revolución Mexicana, lo que no obstó para que en los años 30 el presidente Abelardo L. Rodríguez abriese en Tijuana el hipódromo, galgódromo y centros de juego. El primero de enero de 1935, con todo, el gobierno republicano del presidente Lázaro Cárdenas mediante un decreto declaró vedadas las casas de juego y ordenó clausurar los casinos.

Sin embargo, estos reaparecieron a pesar de la prohibición, en el sexenio de Ávila Camacho y el país vivió en una ambigüedad legal. Lejos de esclarecerse este panorama, se hizo más turbio en los años siguientes. La Ley Federal de Juegos y Sorteos de Miguel Alemán del 31 de diciembre de 1947, redactada según se dice para favorecer a su amigo Jorge Pasquel, y destinada a legalizar la lotería, los hipódromos y los casinos de los amigos. De esa manera se estableció que la Secretaría de Gobernación fijaría las condiciones y requisitos que deberían cumplir los centros de juegos prohibidos. Así se aceptó subrepticiamente que reabrieran algunos pequeños casinos, como el del salón de baile del Hotel Rosarito en Tijuana y los de algunos yates anclados en la bahía de Acapulco.

La discrecionalidad del poder para otorgar licencias se volvió la regla a finales del siglo XX. Así pudo abrir en 1989 Jorge Hank su cadena de Caliente, que se ha señalado que controla, además del galgódromo y el hipódromo tijuanense, más de 50 casinos, aunque nada se compara a lo acontecido en los años en que los panistas se fueron de bruces sobre el negocio. Manuel Espino, ex presidente del PAN, declaró el miércoles 31 a Carmen Aristegui, que Calderón personalmente le exigió que lograra que los diputados de Acción Nacional votaran a favor de la legalización de los casinos. Y ese mismo año Santiago Creel fue acusado de que, como titular de la Secretaría de Gobernación, otorgó en un mes más licencias para casinos que las que se habían dado entre 1917 y 2004, generándose entonces un escándalo más porque decenas de esos permisos eran para la cadena Apuestas Internacionales, de Televisa, cuyo apoyo reclamaba Creel en su afán fallido por ser candidato presidencial en 2006.

1.3.1. Poseer una estructura clara y operante.

Antes de lanzar la propuesta es importante entender que para lograr buenos resultados en cualquier organización pública o privada, es necesario contar con una administración de primera categoría, sobre la base de su autoridad máxima o en su caso una junta directiva.

Ante todo, es la necesidad de implantar una estructura de gobierno clara, que opere con resultados satisfactorios. Dicha disposición será tomada en serio pues la autoridad máxima, por antonomasia, trabaja ahincadamente todo el tiempo. Todos quieren estar o ver al gobernador, sobre todo los de su propio equipo, o bien los ciudadanos que tienen alguna petición; también dirigentes sindicales o empresarios entre muchos más.

Ante estas grandes exigencias personales el gobernador debe tener una misión viable que le sirva de guía para su acción. La siguiente propuesta es delegar atribuciones, pero también autoridad responsable con ciertos candados sobreentendidos. El caso es que la mayoría de los gobiernos, antes de finalizar su periodo sexenal, normalmente se deterioran por no tener una misión y visión clara. Es por ello que el mandato del Ejecutivo, conforme pasa el tiempo, se dispersan sus esfuerzos y sus colaboradores se agotan, máxime que ya no tienen el mismo incentivo que al inicio de su periodo.

Por ello cuando el gobierno inicia debe implantar dentro de su estructura, un -órgano vigoroso- que proponga acciones innovadoras para obtener recursos; crear riqueza, al mismo tiempo que controle el rendimiento de sus funcionarios. Con la finalidad de estar siempre con la clara misión de cumplir las responsabilidades de esa función tan importante como necesaria, para un gobierno moderno y, que esté en razón de no continuar dependiendo únicamente de las partidas presupuestales que le envía el gobierno federal. Puedo afirmar que si modificara el esquema del envío del presupuesto federal y que a cada entidad o municipio se le enviara de acuerdo a su productividad reflejada en el Producto Interno Bruto PIB, a muchos se les enviaría un presupuesto que no les alcanzaría ni para pagar al personal.

Para ser productivos y generadores de riqueza son necesarias dos cosas: en primer lugar tener claro sobre qué factores de la producción deberá el gobierno impulsar y, el segundo, implantar una estructura de gobierno funcional. Los factores de la producción son: la tierra, el trabajo, las mercancías y el capital. El trabajo decía Marx, es el único que crea plusvalor. Por ello cuando el gobierno pasado envió una parte importante del presupuesto estatal para dárselo a los financieros dueños de las Bolsas bursátiles, hubo una fuerte crítica, la cual como es práctica cotidiana nunca se escucho. En donde señalé que la bursatilización no era una forma de crear riqueza debido a que esta acción realizada por el gobierno local es especulativa, Aristóteles decía que la oligarquía financiera era la más perversa precisamente por: "hacer dinero del dinero".

A pesar de ello, hoy día aquella organización pública o privada, que no tiene la capacidad de innovar o ser creativa, está condenada a desaparecer o bien a quedarse enquistada, que para el caso es lo mismo. Sería difícil en este momento, pero no imposible, que brínquemos de la "segunda ola" a la "tercera ola" de la economía, sin abandonar esquemas obsoletos que solamente el gobierno federal podría salvar, dado el enorme poder del Estado.

Winston Churchill en uno de sus discursos habló que "los imperios del futuro son los imperios de la mente", los que lo escucharon algunos se rieron. Los pusilánimes musitaban, "se le vino encima el cometa".[40] Sin embargo, en Gran Bretaña hoy día, con las pertinentes aportaciones de conocimiento en las grandes empresas inglesas, han podido menguar las exigencias de la mano de obra. Además lograron disminuir los inventarios, ahorrar energía y materias primas, pero sobre todo espacio y dinero precisos para la producción.

Luigi Valdes (2001) señala que:

"El nuevo paradigma del conocimiento reestructura a la sociedad misma: cambia sus valores, su visión y concepción del mundo, su estructura política, económica y social, sus artes y sus instituciones clave. Cuando el recurso económico básico es el conocimiento, la estrategia de la organización cambia y se orienta a estructurar su capital intelectual".[41]

Puedo afirmar sin temor a equivocarme que la creatividad laboral existe en la administración pública igual que en la privada. Sí se pudiera hacer un inventario del conocimiento, que se encuentra en el aparato público, muchos que piensan que el servidor público es perezoso, se quedarían sin respiración. El grave problema es que en el gobierno no les toma en cuenta y, por ello, no se incentiva una cultura de la innovación y la productividad. Esto lo puedo asegurar en mis ya varios años que he proporcionado capacitación dentro de la administración pública como privada.

Una de las características más notables del gobierno misma que repetiré es que los hombres que están al frente tienen la piel muy sensible; no permiten críticas ni propuestas, Ante esta realidad, la máxima recomendada al personal de la administración pública es: "opinión no solicitada es opinión no bien recibida". Puedo asegurarlo, pues en dos ocasiones cuando trabajé en dependencias de gobierno, a dos directores generales en diferentes épocas he querido mostrarles algunas propuestas. En las dos ocasiones la respuesta ha sido similar: "eso es

---

[40] W. Churchill, señalaba de forma cotidiana: "La cometa se eleva más alto en contra del viento, no a su favor."

[41] Valdes (2001)

MARIO RAÚL MIJARES SÁNCHEZ

pura teoría, en esta institución esos flojos están acostumbrados a trabajar así". Se referían a su personal, técnico y administrativo. Puedo adelantarme a señalar que ya no son teorías las de mejorar al gobierno y a su administración, porque alguien ya las puso en práctica por ello cada día se habla más de ellas.

La estructura de control es importante. Por esta razón se propone que el encargado del Poder Ejecutivo imponga una administración de la confianza, abandonando el "control por el control mismo", como se realiza actualmente a través de las contralorías internas, la Secretaría de la Contraloría y el Orfis, para el caso de los gobiernos municipales. Las dos primeras son juez y parte a la vez, pues pertenecen al mismo patrón.

Ahora bien, no es necesario seguir repitiendo conceptos, opiniones y llenan este texto con posiciones repetitivas. El jefe del Ejecutivo Estatal, tiene la palabra. La decisión está en juego. O se sigue por el mismo esquema burocrático, sustentándolo vía propaganda subliminal o se reúne con su llamado gabinete para después hacerlo con los presidentes municipales con la finalidad de presentarles el proyecto generador de riqueza, que en pocos años será un boom que todos los gobiernos locales querrán seguir el ejemplo del gobierno de Veracruz, eso sí sería trascender.

Aquí es donde la estructura de control juega un papel importante. Las mismas reuniones dejarán de ser horas perdidas en discusiones intrascendentes, que no dejan nada productivo. Tanto los secretarios como los presidentes municipales, tendrán que arribar con propuestas viables, antes ya avaladas por la estructura de control. Se abandonarán las reuniones donde los mismos secretarios falsifican datos al gobernador.

Lo terrible de esta solución tan sencilla, es que ninguno de ellos sabe ni ha sabido nunca, por la falta de capacitación o de asesores profesionales, qué cosa es la política ni dónde están las fronteras del proveer ni del prever.

La respuesta está explicada dentro de toda la investigación. En síntesis es: el gobierno fija la política y la administración la ejecuta.

El nuevo modelo de gobierno, dentro de la gobernabilidad eficiente, en la creación de riqueza, ya no habla de política sino de sistema de trabajo, en donde el gobernante fija el trabajo a realizar por los servidores públicos. En este caso de forma concreta el gobierno generador de riqueza tiene una serie de oportunidades para allegarse recursos como son:

1. La basura la cual es factible manejarla con una visión gerencial, haciendo un estudio de sus costos y beneficios.

2. Las placas de los automotores, mismas que se pueden innovar con logos que el mismo ciudadano elija, de una serie de opciones que van desde; turísticas, de futbol, beisbol entre otros, mismas que pagarán con relativo placer.

3. Reorientar el trabajo social de cientos de artesanos, estableciendo una Comercializadora Estatal o municipal, para seguir creando empleos privados.

4. La vivienda por ejemplo, la oficina encargada puede realizar proyectos experimentales, con una visión gerencial, en donde se podrían vender proyectos innovadores con "subsidios portátiles". Esto ayudaría a que no hubiera tanto desorden de infraestructura.

Estas son las mínimas acciones de muchas más que el gobierno puede realzar. Tendrá que poner a trabajar a sus empleados, para que sigan creando algunas innovaciones a través de programas necesarios. No es posible continuar con la argumentación ideológica de la privatización de las empresas públicas, lo que es deseable es hacerlas producir dentro de la competencia de mercado. El problema es que este proceso privatizador ha estimulado la concentración de riqueza en unas pocas manos, dando por resultado monopolios que en cierta manera le competen a lo público.

Sin duda estas empresas públicas son un factor importante para crear riqueza. Sería una contradicción señalar que se privatizan por la incompetencia del Estado; eso sólo sería caer en extremo y riesgoso, pues con un sector público más reducido o más bien acotado en su participación, el país será incapaz de consolidar estrategias que pudieran sacarlo adelante. De ahí viene todo este propósito que tiene usted en sus manos y donde solamente deseo que sea leído por quien puede tomar decisiones, además de los lectores conscientes. El gobierno tiene que involucrar a los empresarios de manera significativa pero no cederles las empresas públicas, la idea es involucrarlos como se tiene que hacer con las asociaciones civiles ¿Qué más están haciendo los gobiernos para reinventarse? Están facultando a los ciudadanos para mejorar sus colonias, por medio de administraciones directas, algo así como lo que recientemente hizo el personal de Seguridad Pública en Veracruz, en donde invirtió recursos para involucrar a la ciudadanía en la protección. Sin embargo reto al responsable para medir los resultados, no se dieron por falta de un proyecto general, entre otras cosas más.

CAPÍTULO II

¿Qué es la administración pública?

2.1. EL PROGRESO DE LA ADMINISTRACIÓN PÚBLICA FEDERAL Y ESTATAL.

> Los de México después de terminadas las ceremonias de la proclamación, no se atreven ya a mirar a la cara de su soberano, como si le hubieran deificado de su realeza: entre los juramentos que le hacen proferir, a fin de que mantenga la religión, leyes y libertades, y de que sea valiente, justo y bondadoso, jura también que hará al sol seguir su curso con la claridad acostumbrada, que las nubes se descargarán en tiempo oportuno, que los ríos seguirán su curso y la tierra producirá todas las cosas necesarias a su pueblo. Los gobiernos con este esquema comúnmente "desconfían de quien los ama y confían de quien los engaña." Michel Eyquem de Montaigne (1533-1592)[42]

UNA VEZ MÁS me propongo plasmar antecedentes históricos, ahora sobre la administración pública. El objetivo es no perder la huella de lo que se

---

[42] Miguel de Montaigne, *Ensayos escogidos*, México, UNAM. Michel de Montaigne cuando escribía esas maravillosas estrofas y se referían a la vida latinoamericana, como en el párrafo arriba escrito, era porque también leía literatura de esta parte del continente.

ha realizado para entender lo que se puede consumar. Leyendo acuciosamente el libro de Roberto Rives (2009) quien realizó un trabajo titánico al rastrear doscientos años de la vida activa de este país, respecto a la administración pública, para ser entregado en las fiestas oficiales de Bicentenario. Dicha obra está dedicada a los hombres de *La Administración Pública de México*. El libro de Rives nos muestra que durante estas dos centurias de la administración pública, creció pero desgraciadamente nos demuestra que ha tenido un desarrollo muy pingüe. El crecimiento es principalmente en la estructura. En cambio, el desarrollo, es la evolución progresiva de la organización.

Las fechas asociadas a los hitos históricos condensan, simbólicamente, una multitud de sucesos políticos, económicos, sociales y culturales que en realidad llega abarcar una temporalidad más amplia. No obstante que en el siglo XIX hubo hombres y mujeres brillantes que aportaron sus conocimientos, mismos que han sido reconocidos con el devenir del tiempo. Así, se puede recordar a don Lucas Alamán, hombre que tuvo un gran influjo entre los gobernantes de esa época; así también, los teóricos contemporáneos de la administración pública. Las referencias siempre son fundamentales, para todo conocimiento. Pueblo que desconoce su historia se repite una y otra vez. Solamente espero que el lector sea comprensible pues dichos datos son importantes que se conozcan.

Ahora bien, en el primer capítulo ya se hizo un bosquejo sobre los hombres que fueron conocidos como los "científicos" en la época porfirista. Se habla mucho de ellos pero en realidad poco se les conoce, por tanto, me permito plasmar un pequeño y rápido bosquejo, de la época sin que pretenda ser un estudio antropológico de la materia pública. Sin embargo, considero que usted estimado lector, tendrá una noción importante sobre cómo fueron estos hombres y sus alcances dentro de la administración pública en México.

En la Convención de la Unión Liberal se llevó a cabo la reelección presidencial de 1892, misma que fue constituida ex profeso para la reelección de Díaz. Ahí se consiguió el acuerdo de formar un partido nacional porfirista, con el objetivo de legitimar primero a Díaz y, por tanto, a su gobierno. En ese periodo los hombres que formaron parte esencial del grupo selecto fueron: Rosendo Pineda; Emilio Pimentel, Justo Sierra y Pablo Macedo, mismos que formularon un programa de gobierno eligiendo a Limantour para hacerlo llegar al presidente Porfirio Díaz.

De hecho este era el primer acercamiento de parte de estos jóvenes que aspiraban a arribar al campo de la Administración Pública Federal, para según su propuesta se consolidara un buen gobierno. Este cambio se hubiera dado en el hipotético caso de que el Poder Ejecutivo en manos de Díaz, hubiera acatado los principios de la Carta Magna de 1857, situación que fue materialmente imposible, pues sencillamente ésta fue letra muerta: al respetarla se hubiera roto el gobierno de tiranía unipersonal.

El gobierno de Díaz estuvo marcado por logros importantes, comparado con la anarquía de sus antecesores. Así durante su mandato, Porfirio Díaz demostró su capacidad organizativa en donde como ya se señaló, no solamente se interrelacionó con los grupos importantes de la economía, sino también con los más radicales, pues ambos representaban un riesgo para la paz establecida. Del mismo modo, al clero nuevamente le dio apertura con el objetivo de amainar los conflictos con esta institución. Es necesario distinguir la anarquía de la tiranía de tipo unipersonal.[43] La tiranía puede ejercerse en nombre de la ley misma, y entonces quizás no pueda ser vista como arbitraria, ya que puede justificarse de que se encuentra en el interés de la población. Entonces la forma de gobierno tirana se sirve de tal arbitrariedad para imponerse legalmente. En cambio la anarquía no lleva a ningún lado. Por ello en muchas ocasiones se favorece a la tiranía de los gobernantes. Esto le permite al tirano controlar a los gobernadores, diputados y a los funcionarios públicos, mismos que estarán siempre pasivos ante el poder ejecutivo, los cuales elaboran acciones concretas para no solamente justificar al hombre sino al modelo político.

Durante el gobierno del presidente Díaz se realizaron varios sucesos importantes. Primero se inauguró el ferrocarril de México a Veracruz. En ese periodo también se consumó la escisión del Partido Liberal al presentarse a la reelección por su partido. Asimismo, en 1876 la corriente anticlerical logró cooptar a los intelectuales del momento. El decreto de desamortización de los bienes eclesiásticos había dado origen a los nuevos terratenientes, mismos que se encontraron siempre del lado de Porfirio Díaz, y a quien lo que menos le interesaba era la gran cantidad de jornaleros pobres ni mucho menos el tocar los intereses privados de la tierra. A lo largo de su gobierno se consolido una oligarquía terrateniente cuya palanca de crecimiento fue el modelo de peonaje que existió. De esta forma también favoreció de gran manera a los oligarcas propietarios de las empresas deslindadoras extranjeras y con ello a los también propietarios de las compañías petroleras. Porfirio Díaz, siempre rodeado por hombres leales a su figura nunca hubo la posibilidad de que pudiera ser derrocado en los casi 30 años de poder.

Justo es comentar sobre la figura de Bernardo Reyes, quizás el político más temido por don Porfirio Díaz, pero también un gobernante capaz,

---

[43]   Aristóteles en *Política* señala que; La tiranía puede ser de uno, de pocos o bien de muchos.

quien lo demostró al fomentar las actividades económicas en Nuevo León, particularmente el impulso a la industria de Monterrey, ciudad que mostró durante esa época ser la vanguardia en México en ese rubro. Cuando el presidente Díaz visitó Monterrey, en diciembre de 1898, participó en un banquete que se ofreció en su honor. Ahí elogió al general Reyes en estos términos.

> Después de estudiar detalladamente los grandes beneficios que bajo su inteligente y acertado mandato alcanzó este bravo, inteligente y laborioso estado, considero justo decirles, condensando todos los elogios que me inspiran sus obras: General Reyes, así se gobierna; así se corresponde al soberano mandato del pueblo.[44]

Una vez que el gobierno de Díaz reconoció la deuda pública, la oligarquía extranjera, realizó su plan de inversiones. Fue así, que después de un compromiso financiero especulativo, la economía de México se estabilizó experimentando así un desarrollo sin precedentes en este país a finales del siglo XIX. La inversión de capital inglés y estadounidense se suministró básicamente para la explotación de los recursos de la industria minera, la textil, petrolera y otras más, las cuales experimentaron una gran expansión. Se construyeron vías férreas y líneas telegráficas. El comercio exterior aumentó aproximadamente en un 300 por ciento. El lema de "poca política y mucha administración", encontró buena acogida por la clase adinerada. Muchos de los méritos del buen estado de la administración se debieron al grupo de abogados, todos ellos acreditados como los científicos, un calificativo acuñado por ellos mismos y divulgado por el periódico *El Universal*, periódico que en esta época fue el órgano informativo de la naciente agrupación.

En dicho Diario se hacía notar que el señor José Ives Limantur ajustaba sus procedimientos científicos en la Secretaría de Hacienda, aplicando las reglas de los modelos económicos de la época y haciendo resaltar los resultados de su administración. El gobierno de Porfirio Díaz debía de abandonar el empirismo de su administración. Esa fue la propuesta de este grupo que con su nuevo lenguaje se fue posesionando social y económicamente con la finalidad de enriquecerse. José López Portillo y Rojas (1975) comenta que:

No había dinero para invertirlo en minas, ferrocarriles, terrenos baldíos y fábricas como lo hubo después en el periodo de paz porfirista; por el mismo influjo, de los personajes más prominentes de la política, era punto menos que

---

[44] "Relatos e Historias en México", pp. 33-41.

inútil para el lucro personal. Fue aquella la triste época en que solamente los Shylocks del exterior nos facilitaban dinero con intereses escandalosamente usurarios, y que nos amenazaban constantemente con la intervención para hacernos pagar el ciento por ciento de lo que habíamos recibido.[45]

Acorde a lo prometido, en seguida se darán algunos datos sobre estos personajes y de las actividades de ese importante grupo de funcionarios, pertenecientes al gobierno de Porfirio Díaz: los distinguidos "científicos" los cuales por su misma soberbia y comportamiento, ahora son juzgados por la historia.

José Ives Limantour, economista y político mexicano. Nació en la ciudad de México. Hijo de un rico empresario francés afincado en Acapulco desde la primera mitad del siglo XIX. Tras acreditar leyes, pasó a ejercer la docencia universitaria en 1876 como profesor de Economía Política y más tarde como catedrático de Derecho internacional. Desde 1877, asesoró a distintos ministerios, representando a su país en las relaciones bilaterales de carácter comercial con Estados Unidos. El 9 de mayo de 1893 fue nombrado secretario de Hacienda por el presidente Porfirio Díaz, cargo que desempeñó hasta la renuncia de éste en mayo de 1911. De entre las numerosas medidas que tomó durante su mandato, cabe destacar el saneamiento general de la administración financiera pública sobre todo en el ejercicio de los años 1894 y 1895. Logró el primer superávit significativo de la historia hacendaria de México; la reorganización de las instituciones crediticias, la conversión de la deuda extranjera en 1899 o la reforma monetaria que estabilizó el peso mexicano en 1904. Limantour negoció la salida de Porfirio Díaz con el gobierno francés, y para que éste pudiera exiliarse en ese país, Limatour les otorgó la Isla Cliperton también conocida como La Isla de la Pasión, ubicada a mil 280 km, del Puerto de Acapulco. México perdió la soberanía sobre ella, pero fue recuperada posteriormente. Sin embargo en 1930 ante los reclamos del gobierno mexicano vuelve a ser parte del territorio, pero nuevamente Francia una vez más se apropió de la Isla y, para el 2007 pasó a ser administrada por la Polinesia Francesa.[46]

Justo Sierra, escritor, periodista, educador y político mexicano además de un gran promotor de la cultura. Nació en Campeche. A la muerte de su padre,

---

[45] José López-Portillo y Rojas, (1975), p. 270.

[46] La historia de esta isla es novelesca. Fue descubierta por un pirata en 1705; anexada a México tras la Independencia; explotada por compañías angloamericanas en la segunda mitad del siglo XIX y principios del XX, explotando la mayoría del guano. Fue también un reino pequeño donde el monarca se autoproclamó. Su nombre era Victoriano Álvarez el cual violó por meses a las mujeres de ese lugar.

don Justo Sierra O'Reilly, su familia decidió trasladarse a la ciudad de México. En 1871 finalizó sus estudios de jurisprudencia, no obstante su vocación de periodista y literato que fue revelando con el tiempo. Durante el régimen del general Porfirio Díaz fue uno de los más importantes promotores del gran proyecto de la actual Universidad Nacional Autónoma de México. Hombre que no pensó en enriquecerse como lo hicieran sus compañeros de ideas políticas

Pablo Macedo fue el hombre fuerte del grupo: Hijo de un abogado de Jalisco y madre guatemalteca. Fue unos de los amigos íntimos de Limantour y quien siempre estuvo a su lado como colaborador. Un personaje que brilló en varios foros internacionales. Dejó su obra en Tres Monografías, que son la historia de las evoluciones mercantiles, en comunicaciones y hacendarias de México.

Emilio Pimentel. Nació en Oaxaca. Estudio para abogado, siendo un excelente orador. Más tarde fue gobernador de su estado realizando un buen trabajo. Asimismo, representó a México en varios congresos Panamericanos.

Rosendo Pineda Abogado, secretario particular de Romero Rubio de quien aprendió el camino para hacer dinero. Su campo de acción fue la Cámara de Diputados, escaño que con frecuencia ocupaba. Fue el más político de todos "los científicos", pero su deseo de encumbramiento político fue confinado por dedicarse hacer más dinero.

Joaquín Diego Casasús. Economista, jurista, político y escritor mexicano. Nació en Frontera, Tabasco. Estudió derecho en la Escuela Nacional de Jurisprudencia de México. Tras licenciarse, fue nombrado secretario de Gobierno de su estado natal. Asimismo, participó en las redacciones del Código de Comercio, de la Ley de Instituciones de Crédito y de la Ley Monetaria. En 1892 representó a México en la Conferencia Monetaria Internacional que tuvo lugar en Bruselas, Bélgica. Además de diversos cargos diplomáticos, fue diputado y, en 1902, resultó elegido presidente del Congreso. Su producción escrita, notable, abarca diversos campos y materias. Muy preocupado por los problemas económicos de México y especializado en aspectos bancarios y monetarios, sus principales obras en este sentido fueron: *La cuestión de los bancos*; *Las instituciones de crédito en México*, Los *problemas monetarios y la Conferencia de Bruselas*, además de *La reforma monetaria en México*.

Miguel Macedo fue abogado hermano de Pablo. Dirigió la publicación del Anuario Legislativo y Jurisprudencia. Hombre enamorado del positivismo fue Secretario del Ayuntamiento de México, donde realizó una excelente administración, dando un florecimiento importante. José Castellot, figuró como un hombre prominente al lado de los anteriores personajes, se distinguió por su gran intelecto, llegó a ser gobernador y senador propietario.

Olegario Molina, nació en Mérida Yucatán. Fue un oligarca terrateniente que disfrutó de gran talento, solida instrucción académica, gobernador de su estado y Ministro de Fomento donde tuvo una acertada administración.

Fernando Pimental y Fagoaga fue banquero científico, el hombre de las altas combinaciones, el de las concepciones rápidas. Fue fundador del Banco Central y de numerosas instituciones, jefe del movimiento monetario y bancario de México.

Enrique Creel, nació en Chihuahua e hijo político de Luis Terrazas, el más opulento propietario de México. No tuvo estudios universitarios, supo elevarse desde las ocupaciones comerciales hasta ser gobernador de su estado, Embajador de México en Washington, logró establecer cordiales relaciones con Norteamérica.

De Ramón Corral fue político mexicano, natural del municipio de Álamos. Pronto participó en la actividad pública del estado de Sonora, al que pertenecía dicha localidad. Después de dirigir algunas publicaciones en 1879 accedió a la secretaría de Gobierno de Sonora, para pasar a desempeñar el cargo de gobernador del mismo, desde el 19 de diciembre de 1887 hasta el 1 de septiembre de 1891. De nuevo fue nombrado gobernador de Sonora en 1895, completó su mandato cuatro años más tarde. Corral ingresó de manera tardía al grupo de "los científicos". Aún así Porfirio Díaz lo designó secretario de Gobernación y, un año más tarde, vicepresidente de la República. Cuando el 25 de mayo de 1911 Díaz renunció a la presidencia —bajo la presión de los seguidores de Francisco I. Madero—, Ramón Corral había sido nombrado de nuevo vicepresidente un año antes, finalmente abandonó el país. Falleció en 1912, en París.

Guillermo de Landa y Escandón. Fue gobernador del Distrito Federal. Cuando su fortuna se estaba extinguiendo, logró entrar al grupo privilegiado y así una vez más pudo enriquecerse, ahora a través de los negocios de la minería, Escandón fue un lazo de unión entre "los científicos" con Porfirio Díaz, así como entre este y las familias antiguas de México.

En seguida se realizará un pequeño boceto, sobre el tema en los Estados Unidos. No se trata de una proposición comparativa, pues estás son ociosas. Es con el objetivo de que el estudioso de la administración pública pueda darse una idea de cómo se realiza un análisis político y administrativo. En este caso de lo que pasó en ese país a través de los ojos de De Tocqueville (2001,[47] quien plasma en su obra máxima, *De la democracia en América*.

---

[47] De Tocqueville (2001) p. 77.

En la escritura de Alexis de Tocqueville nos demuestra desde el inicio un orden metódico, en donde nos ha enseñado a hacer una separación del gobierno con la administración pública. Ésta ha sido una aportación al conocimiento teórico no únicamente a su tiempo sino aún en la actualidad, De Tocqueville con su genialidad nos muestra la claridad con que debe contar el hombre que se dedica a la investigación, germinando de forma impecable un estilo en donde expone la lógica del pensamiento.

Me permito poner este párrafo de su obra, para conocer su conceptualización de la administración estatal dentro del Federalismo. Con esta breve cita el lector podrá tener una visión más amplia de sus alcances: La vida política o administrativa se encuentra concentrada en ellos en tres centros de acción, que se pueden comparar a los diversos centros nerviosos del cuerpo humano. "Primero se encuentra la comuna, después el condado y por último el Estado" respecto a México De Tocqueville señaló:

Los habitantes de México, queriendo establecer el sistema federativo, tomaron el modelo y copiaron íntegramente la constitución de los angloamericanos, sus vecinos. Pero al trasladar la letra de la ley, no pudieron trasponer al mismo tiempo el espíritu que la vivifica […] actualmente todavía, México se ve arrastrado sin cesar de la anarquía al despotismo militar y del despotismo militar a la anarquía.[48]

Ya con anterioridad se ha destacado que la Constitución de los Estados Unidos se había creado a través del principio oligarca, no así la Carta Magna mexicana que siempre careció de tal principio. Así que dicho plagio, del que habla y se escribe es falso. De Tocqueville, dice que el plagio fue únicamente de forma, más nunca de contenido.

En su libro muestra que en EUA es una nación con leyes fundamentales, en donde se establece un gobierno de carácter nacional. Así también demuestra los derechos y libertades del pueblo estadounidense: especifica también los objetivos del gobierno y sobre todo los métodos de cómo los alcanzaron. Así, una vez que las entidades federativas adquirieron la emancipación administrativa, en la Guerra de Independencia de 1775 a 1783, encararon los problemas del gobierno para lograr el avance cualitativo y cuantitativo de esa gran nación.

La aportación que hace De Tocqueville a la administración pública, es trascendental para todo aquel que desee introducirse al estudio de esta ciencia. Sin embargo, como todos los sabios, estos son incomprendidos, por la sencilla

---

[48] Alexis de Tocqueville, *op.cit.* p. 159.

razón, que no escriben para los pusilánimes, su valentía la demostró una y otra vez en el devenir del la historia por los países que visitó.

El Dr. Patricio Marcos (2010), hace un acucioso estudio en su extensa obra *Diccionario de la Democracia*. Sobre dicho autor y, debido a su importancia me permito transcribir el siguiente párrafo.[49]

> Al traducir De la démocrate [...] por la democracia [...] se hace una interpretación sesgada del título del ensayo De Toqueville, y como es frecuente que ocurra, una interpretación errónea. Se da a entender que el objeto del libro es nada menos que la naturaleza del gobierno estadounidense, y ya enrachada la torcedura del título original, que su autor concluye que el régimen angloamericano es una democracia [...] lo más contrario a la realidad histórica y política del gobierno de Washington, orientado ciertamente por el principio de la ganancia [...] Todo ello se debe al cambio de la preposición De por el artículo La [...) puesto que la eliminación del genitivo sustantiviza a la democracia [...] en vez de ofrecerla como lo que es: un principio adscrito a la manera de administrar su esencia, la ganancia.

Sin duda, que con este párrafo se pueden aclarar algunos elementos oligárquicos y democráticos dentro del método en ese país de designación y elección. Un país, que aunque está presidido por un régimen presidencial, nada tiene que ver con el mexicano, pues en EUA, el órgano soberano es el Senado, mientras en México es el Ejecutivo. Tanto es así que en la Constitución de los Estados Unidos de América, (1999)[50], contiene la institución del *"impeachment",* que pesa sobre el presidente más poderoso de mundo. Sin embargo, con esta facultad el Congreso, tienen la capacidad de someter a juicio y destituir al titular del Ejecutivo. Duverger (1986)[51] escribió "El sistema presidencial de Estados Unidos de América, es una limitada monarquía inglesa transpuesta a una república".

Tratando de reproducir a De Toqueville, ya una vez conocido el esquema que desarrolló el autor del gobierno y la administración pública en EUA, desde

---

[49] Marcos (2010) p. 115. En un párrafo Marcos escribe: A los gobiernos estatales les llama repúblicas por varias razones. La más general obedece a que Toqueville sigue el uso común de la época, en la que se hablaba de república por oposición a monarquía, del gobierno del "pueblo "o de los "muchos" contra las testas coronadas., p. 119.

[50] Constitución de los Estados Unidos de América, (1999) www.usia.gov/usis.html

[51] Duverger (1986)

una visión eminentemente política, ahora me permito retomar el caso mexicano utilizando el mismo método. Esta vez, de manera particular el caso de Veracruz, para igualmente conocer la acción del gobierno y su administración pública.

Si bien con Porfirio Díaz, arribaron hombres que se denominaron "los científicos" para estar al frente de la administración pública, en el caso de Veracruz, fue todo un laboratorio para que una nueva generación de jóvenes universitarios, la mayoría de ellos abogados (los cuales acompañaron a Miguel Alemán Valdés en su paso por el gobierno estatal de Veracruz, de 1936 a 1939) arribaran al gobierno federal, todos juntos. Mientras tanto analicemos en este ciclo político la vida local. Como dato curioso, si bien al gabinete de Díaz los identificaron como "los científicos", al de Alemán en Veracruz les pusieron el título de "los polacos".

La llegada de Alemán Valdés al gobierno de Veracruz había sido demasiado rápida y azarosa. Difícilmente Alemán hubiera podido contar con un proyecto o programa preestablecido para la región veracruzana, la gubernatura fue su primera prueba como político. En la senaduría no alcanzó a probar su capacidad. La tarea no se le presentaba sencilla, debido a los grandes retos de la deteriorada economía con una producción agrícola estropeada, resultado de las constantes luchas de las diversas agrupaciones campesinas. Para ejecutar las tareas del gobierno, debía precisar que su administración pública tuviera resultados rápidos, pues la desconfianza de la población se encontraba latente, ya que su juventud sumada a la inexperiencia y desarraigo de la entidad, hacía que los veracruzanos lo pusieran a prueba.

El gobernador entrante estructuró sus cuadros de su administración pública. No obstante, fue su primer traspié por no tomar en cuenta la agitación del personal administrativo de origen veracruzano, sobre todo de aquellos que ya habían trabajado durante las administraciones pasadas. El enojo se dio porque la integración de su equipo de trabajo fue sobre la base de sus compañeros íntimos de la universidad. La justificación ante la opinión pública por parte del gobernador Alemán, fue que en el camino trazado había que modernizar la administración pública local. Así fue como, los servidores públicos de niveles inferiores y la ciudadanía jalapeña los bautizó como "los polacos", Además porque según ellos venían a modernizar al gobierno y su administración, casi todos venían del altiplano, Fernando Casas Alemán (2010)[52], único veracruzano, fue nombrado secretario general de Gobierno; Jorge Cerdán, tesorero general; Celestino Porte Petit, Rafael Moreno Henríquez y Fernando López Arias, como magistrados del Tribunal Superior de Justicia.[53]

El grupo se complementaba con Rogerio de la Selva; Oscar Soto Máynez; Manuel Ramírez Vázquez; David Romero Castañeda y Gabriel Ramos Millán, visitador general del gobierno. Fue el primer ensayo de la llamada "era civilista" donde las características de los funcionarios de alto nivel que acompañaron a Miguel Alemán, eran en su mayoría jóvenes licenciados en derecho. Estos fueron conocidos durante su sexenio presidencial como un "gobierno de abogados", los cuales se formaron como equipo en el bufete del edificio Palavacini; eran los nuevos científicos del porfiriato en ciernes. Por cierto, como subsecretario de gobierno designó a Silvestre Aguilar, sobrino del general y senador Cándido Aguilar. No hay que perder de vista que Gómez Morín acusó al equipo de gobierno de Cárdenas como "el peor que había tenido cualquier presidente revolucionario: ahora a este grupo los marcó como; abogaditos de provincia y sin idea."[54] En una carta insertada en los diarios locales firmada con el seudónimo de Temistocles:

"El Ejecutivo del Estado, Miguel Alemán, al excogitar sobre sus colaboradores sean quienes puedan realizar una labor eficiente, lo cual se duda por el desconocimiento del medio veracruzano. El gobernador no debe olvidar la existencia de centenares de elementos veracruzanos que apoyaron la Revolución."

Respecto al nombramiento de Francisco Sarquís y de Fernando López Arias, salió una nota en el periódico *Eco Xalapeño* (1937)[55] donde se rotuló:

"En acuerdo a la Legislatura del Estado el resto sentir de C. Gobernador Licenciado Miguel Alemán Jr. se nombraron anoche a los letrados que

---

[52] Olmedo D./ Fernández Ch. (2010), Olmedo señala: Alemán llevó a su gabinete a varios amigos de la Escuela de Jurisprudencia, entre ellos se encontraba Fernando Casas Alemán, pese a que no fue su compañero de banca, pero tenía una amistad de más de 14 años.

[53] Gaceta Oficial, No. 145 tomo XXXVI, (jueves 3 de diciembre de 1936)

[54] Enrique Krause(2002) p 478

[55] Eco Xalapeño (1937) miércoles 24 de febrero de 1937, p. 1.

constituirán el Tribunal Superior de Justicia del Estado de Veracruz. Las personalidades que fueron designadas en su mayoría son desconocidos al menos en esta capital, dónde sólo son apreciados los merecimientos de los jóvenes abogados."

La Constitución local vigente en este periodo en su capítulo VII señalaba respecto a los perfiles del Tribunal Superior de Justicia lo siguiente:

Artículo 95. El Tribunal Superior de Justicia se compondrá de nueve Magistrados, debiendo ser presidido por el que elija el mismo Cuerpo. El Presidente durará un año en su encargo, pudiendo ser reelecto. Cada magistrado del Tribunal Superior, al entrar a ejercer su encargo, protestará, ante la Legislatura y, en su receso, ante la diputación permanente, guardar y hacer guardar la Constitución General, la particular del Estado y las leyes que de ambas emanen, mirando en todo por el bien y prosperidad del Estado. Los jueces inferiores protestarán ante el Tribunal Superior o ante la autoridad que determine la ley.

Esto fue en el mes de noviembre de 1936. Para enero de 1937 los titulares de la Procuraduría continuaban su acción depuradora de personal y, una vez más, la opinión pública escrita apuntó al respecto: "Esperemos que la elección que nuevamente se haga en los mandos medios e intermedios, se fije en los abogados capacitados y genuinamente veracruzanos, que hasta la fecha dolorosamente han venido desplazando en su propio terruño."

La Constitución[56] local respecto al Poder Legislativo y del Supremo Tribunal de justicia, señalaba que:

La Legislatura del Estado se compondrá, cuando menos, de quince miembros nombrados por los Distritos electorales que establezca la ley [...]. El Tribunal Superior de Justicia se compondrá de nueve Magistrados, debiendo ser presidido por el que elija el mismo Cuerpo. El Presidente durará un año en su encargo, pudiendo ser reelecto.

El senador Cándido Aguilar, arribó a la ciudad de Xalapa, el viernes 8 de enero, debido a que no había podido estar en la toma de posesión del gobernador; varios amigos y correligionarios fueron a recibirlo a medio

---

56   *Constitución Política del Estado Libre y Soberano de Veracruz-Llave,* 1917, *op. cit.* p. 337.

camino de la carretera Veracruz-Jalapa. Ahí le expresaron sus inquietudes sobre las primeras actividades realizadas por el nuevo gobernador, pero éste los tranquilizó. El general Cándido Aguilar, con una visión ya conservadora, después de haber visto y pasado varios tragos amargos, una vez más utilizó su influjo para orientar las inquietudes que había contra Miguel Alemán Jr. Después de esa reunión los diarios locales le quitaron lo de "junior" que venían manejando cada vez que se mencionaba a Miguel Alemán Valdés.[57]

La nueva era del gobierno alemanista se enfrentó esencialmente a la falta de infraestructura, pues la entidad veracruzana como se ha venido reiterando se encontraba incomunicada; las carreteras locales como las nacionales, habían sido pensadas para el turismo y por lo general, iban paralelas a las vías férreas e incluso compitiendo entre ambas. No existían carreteras en las regiones productivas como Papantla, una zona rica en vainilla de aceptación universal; Misantla, donde había café, fruta y maderas que podrían ser fuentes de riqueza. Coatepec, a pesar de estar a doce kilómetros no tenía paso vehicular. El caso de la franja de los Tuxtlas, Catemaco y Acayucan entre otros municipios carecían de caminos vecinales lo cual dificultaba la salida de la producción. La opinión pública esperaba que el joven gobernador lo tomara en cuenta en su plan de trabajo.

El mandato, desde el centro político del país, fue la concertación de grupos y clases sociales, desechando las viejas rencillas revolucionarias. El discurso local fue el "progreso y la paz". Con este propósito político Miguel Alemán a unos meses de gobierno, envió la nueva ley inquilinaria a la Legislatura, sin duda un problema álgido en la región veracruzana, sobre todo dentro de los municipios urbanos, que desde hacía veinte años aproximadamente venían sobrellevando, con el lógico enfado de los propietarios de casas habitación, quienes habían dejado de percibir rentas por algunos meses. En este mes de enero de 1937, el gobernador veracruzano creó la Sección de Asuntos Indígenas, para corresponder al Departamento de Asuntos Indígenas, instituido por el presidente Lázaro Cárdenas, en 1935.[58]

Nota: en el anexo uno, se enuncian los nombres y periodos de los gobernadores que han pasado por Veracruz desde 1898 a la fecha.

---

[57] *Eco Xalapeño*, viernes 8 de enero de 1937, p. 1. El señor Francisco C. Mora, propietario y jefe de redacción de este diario es quien más utilizó la palabra "junior" antes de esta entrevista. Esta es una observación personal después de revisar los diarios de la época.

[58] Carrillo Castro (2006)

Hasta aquí, podemos tener una idea de los antecedentes de todo el proceso de la administración pública. Todo un recorrido y desafíos de los hombres que enfrentaron a su época, dándole una transformación al país, en sus organizaciones dentro del gobierno y, en donde se puede confrontar los aspectos ideológicos y los bipolares de ambas naciones.

Cuando Alemán llegó a la presidencia tuvo como prioridad la relación con los Estados Unidos. Principalmente en la colaboración económica, la cual era su proyecto personal: Para el presidente de los Estados Unidos, Harry Truman México era importante dentro de los países latinoamericanos. Dentro de esta relación y debido a lo que está sucediendo en este instante en el país, me permito citar una información trascendental respecto al crimen organizado en ambos países. Esto sucedió cuando el Presidente Alemán, recibió primero a Harry Truman en la Ciudad de México, enseguida lo visitó el alcalde de la ciudad de Nueva York, William O´Dwyer:

> O´Dwyer se enfrentó a un escándalo de corrupción policial descubierta por el fiscal de distrito del Condado de King, Miles McDonald, por lo que debió renunciar al cargo de alcalde el 31 de agosto de 1950. Poco después el presidente Harry Truman lo nombró embajador de Estados Unidos en México, pero debió regresar a Nueva York en 1951 para responder a cuestionamientos sobre su relación con figuras del crimen organizado [...] al año fue demitido pero permaneció en México hasta 1960.[59]

En los años posteriores al periodo analizado, el gobierno mexicano a través de su administración, desplegó una política social considerable mediante diversas estrategias y acciones que aprovecharon precisamente las experiencias de los años recientes; fortaleciendo así, la capacidad de respuesta de las instituciones, promoviendo su potencial por medio de sus organizaciones sociales con la intención de mejorar el bienestar de los mexicanos.

Dichas posibilidades de mejorar también son paralizadas en los mandos medios e intermedios de la administración pública. Hay muchos de ellos que tienen buenas ideas y sobre todo propuestas viables. Pero la nula flexibilidad de parte de jefe inmediato, así como el temor de sentirse amenazados, han fungido en detrimento de los distintos procedimientos, evitando así la oxigenación de la administración pública. Todo por esa cultura del miedo y la resignación,

---

[59]   Olmedo Díaz/ Fernández Chedraui (2011) p. 203. Véase: Fernando Casas Alemán.

MARIO RAÚL MIJARES SÁNCHEZ

en donde para sobrevivir muchos servidores públicos hombres y mujeres de experiencia, mantienen un perfil bajo.

Los problemas de este tipo suceden en todas partes del mundo, incluso en los países desarrollados. Si no fuera así no hubiese este tipo de propuestas de la *National Performace Review*. La diferencia es que ellos se preocupan por resolver los problemas, a pesar de que no es tan sencillo eliminar vicios y resabios culturales, en donde por no solucionarlos el mismo Estado cae en un ostracismo peligroso.[60]

El grito de hoy día es: la "reinvención del gobierno" (Reinventing Goverment) diría Druker, the innovative organization es privada, pública o social. Sin embargo, el mundo poco desarrollado es el que menos se atreve a implantar modelos eficientes. Ya lo había señalado anteriormente. Los gobiernos como el mexicano ha entrado en conflicto con la nueva era la información, pero a diferencia de la época burocrática, ahora la sociedad se da cuenta de las muchas limitaciones que tienen dichos gobiernos y sus administraciones públicas, esto sin importar el partido político que llegue al gobierno, pues lo he asegurado, no es causa de la ideología de éstos, es la carencia de tomas de decisión profundas. Un ejemplo a seguir, después del franquismo perverso, es España. En pocos años relativamente ha logrado avances cualitativos importantes. El modelo para los gobiernos eficientes, así como los modelos administrativos posmodernos, son los esquemas viables.

De acuerdo con mi observación empírica, hace algunos años que arribó a México el modelo de Calidad Total, el cual es toda una maravilla. Hubo hombres y mujeres que se prepararon para poder no solamente hablar o escribir sobre dicho modelo administrativo, sino lo más difícil de lograr: INSTAURARLO, sobre todo en empresas privadas mexicanas, pues las trasnacionales tienen sus propias herramientas para establecerlo, o bien contratan consultores angloamericanos o europeos.

Sin embargo, las empresas sobre todo las micro y medianas empresas que son las más de propiedad de connacionales, (hasta el día de hoy, 20 de agosto de 2011), no han entendido que es urgente que se haga, pues sus productos serán relegados por tiendas o empresas internacionales. De hecho la han librado a base de simulación, un cáncer muy del país arraigado. Únicamente certifican uno o dos procesos y con ellos ya se presentan o lo publicitan. Es tan torpe el esquema que la mayoría de las empresas locales, nunca han utilizado el término

---

[60]   Véase ostracismo en el Diccionario de la Democracia, op cit., pp. 1335-1364.

de "cliente" interno y externo. Además, jamás van a contratar a un consultor pues lo ven como un gasto en lugar de inversión.

El párrafo anterior me da pauta para señalar que en el caso del gobierno mexicano, en sus tres niveles, la simulación es a la raíz cuadrada. Si bien, en algunas dependencias del federal han avanzado en su atención al cliente y se denota cierto avance, en la mayoría dejan mucho que desear en todos los sentidos. Los secretarios de despacho no tienen la menor idea de los que es el modelo de Calidad Total, menos que al ciudadano se le debe dar un trato de cliente. En los casos de las entidades estatales, no solamente es un reflejo del federal, sino que manejan sus propias simulaciones. Solamente con visitar al total de las dependencias centrales y organismo paraestatales, vemos que en la mayoría en la entradas tienen sus rótulos su Visión y Misión.

El caso es que la mayoría de los gobiernos no tienen ni la menor idea de lo que es la posibilidad de "reinventarse", menos qué son los servicios de calidad. El colmo, pues también puedo asegurarlo, que no saben cuánto cuesta prestar los servicios que ofrecen, aunque tengan el presupuesto en sus oficinas, pues normalmente será excluido el costo indirecto.

En el reciente gobierno de Miguel Alemán Velazco, conjuntamente con la Diputación Permanente de la Quincuagésima Legislatura del Estado, aprobaron sustentados en la Ley Número 53, reformar la Constitución local, de los artículos 85 al 141 así como los artículos de 1 al 84. En la nueva Constitución estatal, existen una serie de leyes importantes para que la ciudadanía veracruzana pueda ser atendida de forma expedita. Uno de los artículos es:

> Artículo 7. Toda persona podrá ejercer el derecho de petición ante las autoridades del Estado, de los municipios, así como de los organismos autónomos, los cuales estarán obligados a dar respuesta escrita, motivada y fundada, en un plazo no mayor de cuarenta y cinco días hábiles. La ley regulará los casos en los que, ante el silencio de la autoridad administrativa, la respuesta a la petición se considere en sentido afirmativo.[61]

No obstante, dicho artículo es desconocido no solamente por la ciudadanía poco ilustrada, sino también por una buena cantidad de servidores públicos, pues de lo contrario serían más eficaces los servicios de la administración local.

De acuerdo con los planteamientos que se han venido desarrollando a lo largo del trabajo, se ha reiterado que si bien la norma es importante para que

---

[61] Constitución Política del Estado de Veracruz- Llave(2000)

los servidores públicos realicen sus funciones, eso no es todo. Si bien la ley es un respaldo para que el funcionario pueda disfrutar de un personal con ciertas responsabilidades prácticas, no lo es todo. El modelo administrativo que se está proponiendo en este escrito, está conforme a una administración de calidad, misma que está basada en el factor humano.

En seguida para sustentar el trabajo de investigación, cito los artículos sobre la responsabilidad de los servidores públicos, plasmados en la Ley general, los cuales tienen algunas contradicciones que analizaré más adelante.

Artículo 76. Los servidores públicos serán responsables por las faltas o delitos en que incurran durante el desempeño de sus funciones. El Gobernador, durante el ejercicio de su cargo, sólo podrá ser acusado ante el Congreso por la comisión de delitos graves del orden común. Por los demás delitos y faltas podrá ser acusado, conforme a las leyes respectivas, al concluir su mandato.

Artículo 77. Podrán ser sujetos de juicio político, por los actos u omisiones que conforme a la ley afecten a los intereses públicos fundamentales y a su correcto despacho, los Diputados, el Gobernador, los Secretarios de Despacho, el Procurador General de Justicia, el Contralor General, los Magistrados, los Presidentes Municipales o de Concejos Municipales y los Síndicos; el Consejero Presidente, los Consejeros Electorales, el Contralor General y el Secretario Ejecutivo del Instituto Electoral Veracruzano; los Consejeros del Instituto Veracruzano de Acceso a la Información; los titulares o sus equivalentes, de las entidades de la administración pública estatal y municipal. Las sanciones consistirán, en la destitución del servidor público y en su inhabilitación hasta por diez años para desempeñar funciones, empleos, cargos o comisiones de cualquier naturaleza en el servicio público del Estado o de los municipios.

Sí bien el gobierno veracruzano ya ha dado algunos pasos para sustentar las innovaciones, ya es momento de concretarlo. La responsabilidad sin la delegación de autoridad es un fracaso. La misma constitución tanto federal como estatal, señala que el Poder Ejecutivo, "Es el único responsable de la Administración Pública". Es decir ni el Secretario de despacho, subsecretarios, directores generales, jefes de departamento y personal de base tienen una responsabilidad delegada.

Esto es porque sencillamente el régimen presidencial mexicano así lo establece. En los regímenes parlamentarios, la responsabilidad directa es de los ministros encargados de las diferentes carteras. En México, estos ministros serían los equivalentes a secretarios de despacho.

Quiero concluir que la ciudadanía veracruzana conjuntamente con sus autoridades, conocen la importancia histórica de la entidad para alcanzar un desarrollo potencial. Habrá que reconocer que es necesario emprender medidas que garanticen un desarrollo en este presente-futuro, que eleve las expectativas de propios y extraños, en el plano político, humano, económico y social.

El gobierno de Veracruz puede edificarse como una entidad modelo si realiza con cuidado las innovaciones teóricas aquí propuestas. Ello le permitirá ubicar las tendencias desfavorables que se necesitan revertir. El gobierno tiene en sus manos por ley el desarrollo de Veracruz. En seguida cito una vez más los artículos a los cuales me estoy refiriendo:

Artículo 74. Corresponde a las autoridades del Estado impulsar, coordinar y orientar el desarrollo económico, para lo cual llevarán al cabo, dentro del marco de libertades que otorgan la Constitución Federal, esta Constitución y las leyes que de ellas emanen, la regulación y fomento de las distintas áreas productivas, empresariales, comerciales y de servicios en su territorio. Con la finalidad de generar fuentes de trabajo, proporcionar seguridad social, y promover el bienestar social, el Gobierno fomentará la inversión pública, privada y social, conforme a las leyes. Al desarrollo económico concurrirán, responsablemente, los sectores público, social y privado, los cuales apoyarán y alentarán las actividades que tiendan al desarrollo social y comunitario, y de asistencia pública y privada, con base en principios de justicia en la distribución del ingreso, equidad social e igualdad de oportunidades. Por su contribución al desarrollo, el turismo es una actividad prioritaria, por lo que deberá realizarse en un marco de sustentabilidad, considerando el patrimonio histórico, cultural y natural, con el fin de elevar el nivel de vida de los veracruzanos.

Artículo 75. El Gobernador del Estado organizará un sistema de planeación democrática para el desarrollo integral del Estado, que aliente y proteja la actividad económica de los particulares y del sector social, en los términos de esta Constitución y las leyes. Las autoridades participarán en la regulación, definición y determinación de los derechos de propiedad, así como de la posesión, con base en los principios de interés público y beneficio social; tales acciones tendrán como finalidad primordial el desarrollo económico equitativo y productivo en el Estado.

MARIO RAÚL MIJARES SÁNCHEZ

Se necesita, sin embargo, mucho más que la norma, las promesas de campaña y la propaganda mediática, para convertir la propuesta general del documento. Se va a requerir tal como se expone, que el gobierno veracruzano integre a la ciudadanía, la cual puede estar segura que estamos dispuestos a trabajar, sobre ideas que construyan el futuro-actual.

Quizás el proyecto de innovación propuesto requiera tiempo; tal vez tendrán que ser las nuevas administraciones las que den el vuelco terminando este periodo gubernamental. Sin embargo, puedo asegurar que al emanar de un principio político como una iniciativa del actual gobierno, no solamente se posesionará el gobernador en lo político, sino en toda la población en general.

En el capítulo del gobierno, proporcioné algunas ideas para que el gobierno se pudiera allegar recursos a través de una visión más gerencial. Una vez que el gobierno ya tenga este tipo de gobernabilidad eficiente, será a través de sus políticas públicas, como hará que sus funcionarios de la administración pública, las estructuren y pongan a funcionar. Estoy hablando de la basura, la comercializadora, la salud entre otros. Las dos ramas ejecutivas, tanto el gobierno como su administración, tendrán que decantar por el esquema gerencial, este es el desafío posmoderno.

Sobre todo ser un gobierno previsor, para evitar que cada año surjan tragedias en temporada de huracanes, por no tener programas de prevención, que trabaje todo el año. Incluso en la época de estiaje se podría captar una buena cantidad de agua. Los gobiernos en sus tres niveles se deben subir al tren de la prevención; cuando la lleven a cabo, la misma ciudadanía participará de gran manera.

2.2. LA ADMINISTRACIÓN POSMODERNA

> Tampoco estoy de acuerdo con los que consideran una presunción que un hombre de baja y humilde condición se atreva a discutir y querer arreglar los asuntos de los príncipes; pues, así como quienes dibujan personajes se sitúan abajo, en la llanura, para contemplar la naturaleza de las montañas, así también, para entender al pueblo hay que ser príncipes y para comprender a los príncipes hay que ser pueblo. Maquiavelo (dedicatoria)[62]

---

[62] Maquiavelo (2004) Edición Original: Florencia 1513, Edición Electrónica: 2004.

Bertrand Russell(1985)[63], señaló: "Sobre los efectos de los conocimientos modernos, los cuales han sido muchos y variados, y parece probable que, en el futuro, sean más grandes que hasta ahora". Incluso en el mundo del futuro próximo, a un individuo le es y será casi imposible lograr resultados muy importantes sino puede dominar una organización. Debemos tomar en consideración que el concepto moderno fue para explicar al Estado moderno en el siglo XVI, mismo que ya finalizó, para darle entrada a la posmodernidad.

Quizá en la modernidad todavía pudiéramos hablar del taylorismo, pues se dio en el siglo XIX, a finales de 1890. Fue un modelo que precisamente ideó el ingeniero norteamericano Frederick Taylor[64] para que la organización científica se pusiera en marcha, dando con ello la gran productividad en todo el mundo pero principalmente en Estados Unidos. Sin duda una de las personalidades más importantes, conocido universalmente como "el padre de la administración científica", uno de sus conceptos fundamentales es:

"La administración consiste en lograr un objetivo predeterminado mediante el esfuerzo ajeno".

La administración científica de Taylor llevó a la eficiencia universal. La cual se convirtió en un estándar de referencia para la organización del trabajo. El culto a la eficiencia por parte del autor ha sido compartido en distintas aéreas del conocimiento, pero también por los empresarios, políticos, burócratas e instituciones académicas incluyendo amas de casa, en esta época taylorista.

Fueron los obreros fabriles quienes más sufrieron los estragos de la medición o calibración del tiempo de trabajo, ya que F. Taylor mediante el uso del cronometro dividió la tarea de todo trabajador en las partes más visibles y pequeñas que se pudieran identificar, para después averiguar el menor tiempo posible en la elaboración de un producto bajo las condiciones óptimas de sus prestaciones de servicios. La idea fue eliminar procesos de más, es decir una

---

[63]   Russell (1985) p. 317. Bertrand Russell fue llamado en cierta ocasión "El filosofo de todas las filosofías", pues abarca casi todos los campos de la lógica, la filosofía de la matemática, del lenguaje, la epistemología, la ética y la política.

[64]   Frederik Taylor, ingeniero norteamericano que ideó la organización científica del trabajo, nacido en la ciudad de Germantown (Pennsylvania) en 1856 y muerto en Filadelfia en 1915. Procedente de una familia acomodada, Frederick Taylor abandonó sus estudios universitarios de Derecho por un problema en la vista y a partir de 1875 se dedicó a trabajar como obrero en una de las empresas industriales siderúrgicas.

reingeniería como se le conoce ahora, la cual trata precisamente de eliminar procesos que se dupliquen.

Taylor establece principios y normas que permiten obtener un mayor rendimiento de la mano de obra y de los materiales. Básicamente aborda aspectos como estudios de tiempos y movimientos; selección de obreros; métodos de trabajo; incentivos; especialización e instrucción.

A esta corriente se le llama administración científica, por la racionalización que hace de los métodos de ingeniería aplicados a la administración y debido a que desarrolla investigaciones experimentales orientadas hacia el rendimiento del trabajador. Los diarios de los EUA escribían de manera obsesiva sobre los llamados progresistas, tales fueron las reacciones que provocó el taylorismo.

De esa manera fue que los oligarcas dueños del capital (tanto en ese país como en a Gran Bretaña y Francia principalmente y gran parte de Europa) le exigían a sus gobiernos para que sus administraciones públicas tuvieran eficiencia. La idea fue sustituir el arte de la política por "la ciencia administrativa". Debemos recordar que en México, ya expuesto en el primer capítulo, el grupo de empresarios de Monterrey siempre le exigieron a Porfirio Díaz y después a Miguel Alemán, "menos política y más administración".

Alvin Toffler, en el año 1981, escribió su obra titulada *La Tercera Ola*, en donde señala que fue tal el boom del taylorismo, que en la URSS se contagió de ese entusiasmo eficientista, al grado de que Lenin sugirió que se adaptaran los métodos de trabajo de Taylor en la producción socialista de esa época.

Con el paso de los años la humanidad ha reunido gran número de conocimientos en todas las áreas tanto técnicas como administrativas, así que dentro de la exigencia de abandonar las administraciones obsoletas, los gobiernos le demandaron a sus universidades investigar más sobre los esquemas y modelos administrativos de carácter científico. Para aquellos que a quienes interese este asunto, hay innumerables datos, ensayos, libros, artículos, conferencias en la Facultad de Ciencias Políticas y Sociales; a nivel local, en el Instituto de Administración Pública IAP de Veracruz A.C.

Desafortunadamente este trabajo tiene otro objetivo; es muy corto el tiempo para entregarlo como para seguir ampliando este tema apasionante para los amantes de esta carrera universitaria. La otra es que entre más es la necesidad de estudiar y comprender las instituciones políticas y administrativas, más lejana se encuentra la posibilidad de conseguirlo. No obstante, la finalidad de este escrito es dar sentido a la gran masa de información que poseo por estar muchos años realizando trabajos de investigación así como frente a grupos de estudiantes.

Ahora bien, es cierto que el estudio sobre la administración pública es relativamente nueva. Quizás por ello la administración de empresas, nos lleve camino andado, pues debemos ser honestos, los modelos administrativos posmodernos y contemporáneos vienen precisamente de esa área científica, misma que en la actualidad muchos de nosotros tratamos de adecuar a esquemas del tema público.

Peter Druker citado una buena cantidad de veces en este trabajo de investigación, ha expresado en varias ocasiones, tanto en entrevistas como en conferencias que:

> La aparición The Practice of Management (La práctica de la dirección de empresas) como institución esencial es un acontecimiento clave en la historia social. Muy rara vez- si es que existe algún caso- ha surgido una nueva institución básica, un nuevo grupo directivo, tan rápidamente como surgió la gerencia de empresas desde el comienzo de nuestro siglo. Es muy raro que en la historia humana se haya hecho indispensable una nueva institución con tal rapidez; y aún resulta menos frecuente que una nueva institución se haya impuesto con tan poca oposición, tan escasas dificultades, y tan poca controversia.[65]

Pero retornemos a la política y administración pública, en donde se empezó a escribir sobre "el arte de gobernar"[66] o de dirigir la orquesta sinfónica en donde los empleados públicos son los que tocan los instrumentos, de acuerdo a la sabiduría y pasión de director. En síntesis lo que se ha venido proponiendo en la academia universal es que la sociedad en su conjunto sea la que salga beneficiada al proponer que los gobiernos actuales estén en razón de la ciudadanía.

En plena era posmoderna la situación arriba señalada, viene forzando a que los gobiernos replante genuinas alternativas prácticas, escuchando las distintas propuestas de los académicos especialistas en el tema de política y administración pública. Lo anterior es importante reiterarlo, ya que existe una enorme diferencia entre la administración privada o de empresas e incluso la administración social sin ánimo de lucro, con la administración pública.

---

[65]   Antony Jay (1974) p.12.

[66]   Butterfield, Every, profesor de historia moderna en la universidad de Cambridge, escribió: [...] que dentro del desarrollo del método científico, ya sea el arte de gobernar o el análisis político general, o en el análisis político general, o campos más amplios de la historia [...] Se puede señalar que este profesor es quien inició a una serie de investigadores a buscar propuestas concretas para exigir eficientar los gobiernos y sobre todo su administración pública.

En todos los sentidos importantes, los gobiernos así como las empresas, tienen la necesidad financiera y política, ambas categorías ejercen una influencia recíproca en las mentes y voluntades no solamente de los hombres de gobierno sino también en los empresarios. Quizás, es por ello que los investigadores anglonorteamericanos se encuentren en sus propuestas parangones entre gobierno y gerencia, ya que ambas deben estar en función del uso eficaz de los recursos, sobre todo el gobierno que maneja dinero que es precisamente de los privados y de la ciudadanía no propietaria.

Por tanto, quiero aclarar que la escuela de pensamiento del área privada, en este caso los de administración empresarial (también en los últimos años) han abrevado de la teoría política. El caso específico: de Antony Jay (1974)[67], quien escribió el libro, *La dirección de empresas y Maquiavelo,* retomando las enseñanzas del gran florentino para mostrar a los gerentes de empresas privadas las cualidades de mando y la posible organización con resultados concretos y sobre todo eficaces. Otro ejemplo es: Donald G. Krause (1997)[68] que con su obra *El Arte de la Guerra para Ejecutivos, en el* texto clásico de Sun Tzu fue adaptado autor al mundo de hoy. Hay que recordar que la guerra no es otra cosa que una extensión de la política.

Tal como se puede leer esta ha sido la confusión que hasta el momento insisto no ha podido aclararse en México, pues el principio político que seguimos manejando en nuestro régimen presidencial: su gobierno, no ha sido muy dado a impulsar la investigación, de ahí que se den confusiones entre lo público y lo privado. Por ejemplo, hay algunas entidades federativas que sus gobiernos son propietarios de equipos de fútbol o basquetbol, mismos que manejan como si fueran empresas, pero desafortunadamente sin resultados.

En años recientes el presidente Bill Clinton fundó la *National Performance Review,* con la intención de que a nivel nacional se realice una revisión de los procesos administrativos dentro del gobierno de los Estados Unidos. El objetivo fue según Clinton: "para que los gobiernos en sus tres niveles de gobierno

---

[67] Antony Jay (1974) Jay, nació en Londres en 1930. Se licenció en literatura clásica y moderna en la Universidad de Cambridge, en donde su tesis es que la dirección de empresas no es más que la continuación del viejo arte de gobernar.

[68] Krause D. (1997), Krause, estudió en la Facultad de Gestión de Empress Babcock, perteneciente a la Universidad Wake Forest.

trabajen para la gente"(1994)[69] pero sobre todo el implantar de manera práctica, "el hacer más con menos" Máxima que por desgracia en México, los gobiernos en sus tres niveles, tanto sus gobernantes como sus funcionarios, únicamente han escuchado de oídas. La diferencia es que en los países desarrollados las recomendaciones teóricas de los académicos son realmente puestas en práctica.

Ante los hechos de la realidad mexicana es materialmente imposible ya que el Estado Mexicano históricamente ha sido el rector de la economía. Sin embargo, hay formas de adecuarlos a nuestra realidad y no reproducir tales sugerencias tal como se ejecutan en Estados Unidos. Ha sido el descuido de los políticos que lo llevan a cabo sin medir las consecuencias. Pero lo más grave es que se incluyen los académicos de este país, debido a que un número considerable de profesores de las universidades públicas y privadas de México, tampoco lo hacen, estos toman los documentos y libros foráneos como si fueran recetas de cocina.

De ahí, porqué el modelo y análisis, sobre la base del funcionalismo y su teoría general de sistemas, ha crecido de forma descomunal. Ahora para todo usan la categoría de "sistema",[70] manoseando así todo lo que es político, sociológico, económico, administrativo. Lo cual no es nuevo, lo mismo sucedió con la escuela de pensamiento alemana o de Frankfurt. En las universidades públicas mexicanas desde la nacional, el Marxismo fue toda una moda en donde aquel que no usaba las categorías económicas era un reaccionario o ignorante. Así también, en la época dorada de Francia una gran mayoría de profesores y alumnos eran adoradores de la escuela francesa.

Al hablar de adecuar la teoría con la práctica, respecto a la sugerencia de que en México se instaure un "gobierno más delgado" pero más productivo, así como reducir el gasto público, este se podría instalar y hacerlo funcionar, cuidando no perjudicar a los programas sociales. El problema que existe en estos esquemas, es por ejemplo, en el reciente recorte del gobierno veracruzano, el cual

---

[69]   Al Gore(1994) El título del documento en ingles es: Creating a Governmente that works beeter and cost less. The report of the National Performance Reviw. En español, Un gobierno más eficiente y menos costoso.

[70]   Resulta indignante a demás de absurdo, que tanto en las oficinas de gobierno como en las empresas privadas sobre todo la financiera, la empleada de todo culpa al "sistema". Desde, perdón no tengo sistema, se me cayó el sistema, no me lo da el sistema entre otras más que se sacan de la manga. Pero no queda ahí, profesores y alumnos de preparatoria y universidad culpan al sistema mexicano de todo.

MARIO RAÚL MIJARES SÁNCHEZ

borró de un solo plumazo dieciséis organismos, incluyendo empresas públicas, con posibilidad de ser rentables y crear riqueza social. Una vez desaparecidas, en ningún momento se ha expuesto, qué se va hacer con ese presupuesto o con los dineros ahorrados. Lo anterior no es privativo del gobierno local, pues en el caso del gobierno federal ha sucedido algo similar.

En Veracruz, se ha venido creyendo que se asume un "gobierno electrónico". Sin embargo, aquellos que han visitado las oficinas de las distintas dependencias de la administración pública, así como la de los municipios, podrán darse cuenta de que aún se hacen las cosas de un modo que nuestros padres y abuelos podrían reconocer. La incapacidad de adaptarse a la era de la información amenaza al gobierno en muchos aspectos. Todavía vemos enormes filas en los bancos repletos de servidores públicos cobrando sus cheques. Considero que el gobierno veracruzano paga con cheques aproximadamente a uno de cada seis empleados, para no ser tan críticos.

En el gobierno local existe un terrible despilfarro de recursos, aún contando con las computadoras y sus sistemas, en donde si bien existen ingeniosos programas de cómputo (software) y teléfonos, los modelos de trabajo siguen en las mismas condiciones de atraso, por ello el personal la utiliza con fines personales.

Lo que sucede es que la mayoría que nos dedicamos a la investigación, sabemos bien de los problemas del gobierno, pero es muy difícil que sepamos cómo resolverlos o mínimamente dar soluciones viables. Contrariamente a todo ello, es urgente, para una solución inmediata y mediata lo siguiente. A) Es conveniente que el gobernador de la entidad veracruzana, volteé la vista primero a su gobierno, para autoevaluarse si está siendo eficiente. B) Pero más conveniente sería un peritaje externo por parte de una agencia consultora, pero profesional, que no vea únicamente su ganancia sino su prestigio. C) Una vez finalizada la evaluación y conociendo los resultados, exigir que se haga lo propio en su administración pública.

Tal vez los estudios que realice la agencia no puedan ayudar a encontrar soluciones prontas, no todos los estudios en los diagnósticos salen positivos o con éxito, entonces se tendrá que auditar los resultados e incluso los que llegaron al grado positivo o de éxito. Algunas agencias consultoras saben de los posibles riesgos en estos estudios.

Hay cientos de miles de pesos abandonados por el gobierno, debido a que su administración pública no funciona adecuadamente. Otro ejemplo son los automotores que recoge hacienda o fianzas, la mayoría de ellos se echan a perder por falta de una toma de decisión. Así como esto están la maquinaria pesada chatarra de la Secretaría de Comunicaciones así como el extinto Órgano Descentralizado de la Junta Estatal de Caminos. En fin, cada secretaría tiene una posibilidad de hacerse de recursos en caso de que el Ejecutivo lo exigiera.

2.3. LA ADMINISTRACIÓN PÚBLICA DEL FUTURO.

La pregunta que todo lector inteligente se hará al leer dicho título, mismo que puede ser hasta jactancioso es: ¿Hacia dónde ir? Sobre todo cuando las ciencias sociales han sido tan desacreditadas, se puede pensar que cualquier propuesta que salga del investigador de ciencias políticas o de áreas como la sociología, la economía o de algún estudioso de la administración pública, no pueden dar respuestas satisfactorias a esta pregunta.

No hay duda de los buenos teóricos sociales. Tal es el caso de Wright Mills (1978)[71] que se adelantó a su época, como muchos otros intelectuales de las ciencias sociales. Mills profetizó que el gran capital ya no tendría rostro. Es decir, los grandes oligarcas ya no se casarían con ningún país en particular ni con el suyo propio, pues el padre y madre del oligarca es la ganancia: no tienen patria, invierten en donde puedan obtener lucro. Son los Shylock, aquel personaje central de obra de de Shakespeare, *El mercader de Venecia*, (*The Merchant of Veneci*). Su pasión es la riqueza a toda costa y costo. Ya no son los hombres, por ello la portada de su libro aparece un hombre cuyo rostro es una moneda de dólar. Ahora son los trust. Son a través de las instituciones económicas y políticas, cómo los oligarcas, dueños de las corporaciones, ejercen ahora un poder enorme.

Por ello la doctrina del liberalismo moderno es implantada en todos los países del mundo, ya sea por inversión o por las armas. Pero sin duda serán los encargados de las administraciones públicas y privadas, las que tendrán que lidiar con ese tipo de inmoralidades en el futuro que ya se encuentra entre nosotros.

Los gobiernos expectantes perdieron toda moralidad, al ya estar aceptando los negocios corporativos. Los gobernantes del futuro utilizando su brazo

---

[71] Mills (1978) Wright Mills, en un capítulo titulado la "Inmoralidad mayor" hace toda una crítica de la corrupción de valores que implantan los gobiernos donde la oligarquía como clase suprema, toma al representante del gobierno como empleado o pelele, para que envíe prostituir a gobiernos débiles. Tal es el caso de México, sobre todo ahora con el presidente Calderón.

activo, la administración pública, ya conceden favores financieros cuando hay oligarcas locales o internacionales dispuestos a pervertir la acción de dar y recibir. Esto porque los empresarios del mundo únicamente están prontos a participar del juego que todos juegan, a la hora de recibir favores.

En medio de la reprocidad se puede generar fácilmente el proteccionismo de la clase privilegiada en este presente-futuro, los oligarcas. Tal acción, activada por la administración pública, hace un instrumento poderoso para la expansión del gran capital. A través de las alianzas los negocios se integrarán en la economía mundial.

El caso es que las administraciones de los gobiernos por lo regular van atrasadas respecto del gran avance de las empresas trasnacionales principalmente. En el desfase estas administraciones públicas no pueden evitar las mil maneras posibles de traicionar el espíritu de las leyes de impuestos; las normas de consumo, hasta la misma explotación de la biósfera.

No son lecciones de moral ni tampoco se trata de descubrir el hilo negro. Habrá que tener cuidado con la sociedad del futuro pues el no contar con una sociedad educada, llevará a que los ciudadanos de clase media principalmente, entren de lleno a la red de la ilegalidad; una sociedad falta de conciencia de clase, es acomodaticia. La causa será un "hombre de éxito" cuya connotación es: hacer dinero no importa el medio, sino el fin. Utilizando una metáfora bíblica adecuándola al tema, podríamos decir: "bienaventurados los cínicos porque sólo ellos tienen lo necesario para triunfar.

Existen varias razones para que estas tendencias del futuro se aceleren rápidamente dentro de un progreso que cuestiona todo lo establecido; la escapatoria para no ser rebasados es dejar los viejos esquemas y crear nuevos paradigmas para las nuevas generaciones que formarán las sociedades venideras.

Esta acción futura de la alianza entre la tecnología y los mercados provoca en forma inédita nuevas organizaciones políticas y sociales, a pesar de que las pasiones del hombre sigan siendo las mismas desde hace siglos, tal como fue explicado en la primera parte del trabajo. La idea del futuro se construye con pasos sólidos, la primera es: la iniciativa gubernamental para dirigir el rumbo de la administración pública; segunda fase, la difusión del proyecto y sus bondades hacia todos los 207 municipios de la entidad; tercera, que la ciudadanía educada sea involucrada así como a los otros dos poderes, el legislativo y judicial.

El problema es que son tan vertiginosos los cambios como ocurren, que obligan al ser humano a entrar a la era del conocimiento sin pretexto, ya sea elaborándolo o efectuando. La dialéctica entre el que manda y obedece seguirá vigente: es la naturaleza misma del hombre. La misma globalización de hace siglos, en donde se comerciaba sin descanso, estará presente. Ni siquiera las grandes compañías trasnacionales pueden producir ya en sus propios laboratorios toda la tecnología que necesitan.

Es importante que conozcamos el pasado y sus acontecimientos para entender el presente y el futuro. Las alianzas de hoy y del futuro se pueden ver en el pasado: tal vez no en los libros de administración pública, sino en la biografía que escribió Winston Churchill de su antepasado, el primer duque de Marlboro. Ese a quien los franceses la hicieron una canción, cuando este estuvo en todos los frentes conquistando mercados a favor de Gran Bretaña. La letra original dice *Marlborough se fue a la guerra,* que luego de varias transformaciones muchos de los abuelos y padres cuando eran niños cantaban: "Mambrú se fue a la guerra, qué dolor qué dolor que pena.

Durante esa época, en los siglos XVI y XVII, se vinieron cambios que modificaron toda la geopolítica. Cambio que a países como el nuestro todavía le continúan llegando, con la desgracia que nunca nos preparamos para esos cambios, de ahí el enorme atraso para continuar con un Estado moderno. Considero, con lo anterior, la importancia que tiene consolidar un texto, pues trato de trazar líneas para poder vislumbrar horizontes que persigue esta generación en un periodo de evolución.

México y en particular la región veracruzana no pueden cometer el mismo error que nuestros antepasados: el llegar tarde a la gran revolución moderna. Hoy el mundo está en plena revolución en donde el conocimiento y la transformación de las estructuras administrativas, son parte de los procesos que demanda el futuro, y donde muchos no tienen ojos para ver ni oídos para escucharlo, menos conocimiento para adecuarlos.

En la India y China por hablar de países que pueden ser modelos para el caso de México, sus gobiernos ya escucharon el murmullo del futuro, por tanto ya se encuentran adecuándolos. La pregunta es ¿Qué esperan los gobiernos mexicanos? ¿Qué esperan los empresarios mexicanos? Me refiero a ellos porque son los únicos que pueden ser las guías de una población inerte e invisible para ambos.

En 1963, Deng Xiaoping, empezó a soltar a China del brazo de hierro de la democracia (socialismo). Se celebró en Beijin una conferencia de políticos y empresarios importantes, con la finalidad de abandonar los esquemas burocráticos que ahogaban a ese extenso país. La respuesta fue que había demasiadas personas en el Partido Comunista que temían las nuevas ideas.

Actualmente China ya impone su influencia en la economía, las fianzas, la política y las relaciones internacionales. Jorge Eduardo Navarrete[72], en una investigación directa, escrita en la revista Proceso Edición Especial No 22, señala:

> La huella global de China, provoca azoro y en muchas ocasiones, temores. Dos aspectos subrayan su condición de potencia del siglo XXI: una genuina interdependencia con Estados Unidos – Nación con la que establece una relación de tú a tú- y la conquista del continente africano, donde ha establecido acuerdos que le permiten, entre otras cosas, garantizar el suministro de energéticos y materias primas, así como establecer alianzas políticas necesarias para aumentar su influencia mundial.

Asimismo, el despertar de la India, también es un prototipo que cuando existe un hombre con férrea voluntad, un estadista, se hacen las cosas más inverosímiles en los estados. Pero en caso de que no existan políticos avezados, hay hombres del sector privado que toman el mando. En la India fue A.P.J. Abdul Kalam, hijo de un constructor de barcos, en ese momento ya arruinados. Un musulmán quien ha dirigido a científicos hacia los programas nucleares, tanto de satélites como de misiles de la India. Ahora ya es presidente de ese país. Sin duda, se logra cuando existe un proyecto de Nación y se realiza lo prioritario.

Resulta irónico pero México desde 1946, ya había entrado a la industrialización. Ahora muchos políticos, intelectuales y empresarios solicitan al gobierno mexicano que deberíamos ser seguidores de los chinos, los cuales decidieron dejar a un lado la industrialización, pero al mismo tiempo y tan rápidamente empezaron a desarrollar una economía de conocimiento intensivo. Esa es la razón de que hoy ya sea una superpotencia biotécnica.

En el caso de los empresarios mexicanos que fueron los pioneros, fue el grupo de Monterrey, de donde salieron los hermanos Azcárraga Vidaurreta, Raúl y Emilio, iniciados en el negocio de ventas de radios y un taller mecánico automotriz. En Monterrey, Emilio abrió las estaciones de radio XEW y XEQ en asociación con Charles W. Horn, ejecutivo de las organizaciones emisoras de Radio Corporation of América (RCA) y la NBC. El matrimonio de Emilio

---

[72] Proceso (2008) pp. 70-73. Jorge Eduardo Navarrete es investigador en el Centro de Investigaciones Interdisciplinarias en Ciencias y Humanidades de la UNAM.

con una integrante de la familia Milmo, la cual se contaba entre las fundadoras del Grupo Monterrey, sin duda le permitió disponer del capital necesario para progresar. Azcárraga desarrolló técnicas para evitar ser dominado por el gigante de los medios estadounidenses. Este es un ejemplo de los buenos empresarios mexicanos que ya han formado una dinastía de tercera generación.

En contraste con los magnates que han sido materialmente creados por los gobiernos con recursos del pueblo vienen también de esa época. Uno de ellos fue Alonso Sordo Noriega, cuando el general Ávila Camacho lo llevó a grandes vuelos, muy parecidos a los que Salinas de Gortari hizo con Salinas Pliego, un vendedor de muebles que le fue entregado el Canal 13 de televisión, con una licitación simulada, pues el valor de esa empresa pública era superior a su costo real. Así como los novicios de banqueros como Roberto Hernández e incluso el mismo Slim. Es increíble, pero la pregunta respecto a los empresarios mexicanos. Es porqué ninguno fue un magante del petróleo en la época porfirista o bien a inicios del siglo XIX antes de que se nacionalizara el petróleo, teniendo en el país, millones de barriles a flor de subsuelo. El caso es que ni el gobierno, pero tampoco los privados le han ayudado mucho al país para su desarrollo.

Como dato y para reforzar lo señalado anteriormente. Dentro de la historia del petróleo en Veracruz, se registra en la región totonaca, en el año de 1868, durante este periodo de tiempo, primero el inglés Buke y posteriormente el irlandés Adolfo Autrey descubrieron las chapopoteras de Papantla, Veracruz. Los indígenas ya conocían el chapopote y lo empleaban para otros usos, como engrudo o impermeabilizante, pero es Autrey en esta comarca, quien ejecutó la tarea de refinar el producto. El pozo enominado "La Constancia" fue el primero en explotarse dentro del litoral de la zona del Golfo de México. En 1903, los terrenos y las instalaciones de ese pozo fueron vendidos a la *Oil Fields of Mexico*, empresa que intensificó los trabajos de perforación y producción petrolera.

Pero uno de los episodios cruciales de más vergüenza nacional, es sin duda, el FOBAPROA. Todo un pavoroso asalto al pueblo de carácter histórico, pues este finalmente sirvió para fines particulares de muchos políticos y privados. Es sin reparo, un código de valores establecido desde el siglo XIX Se puede afirmar que dicho FOBAPROA, fue precisamente un acto de corrupción histórico.

En el caso mexicano la creación de riqueza ya no debe estar cifrada solamente en hacer crecer al privado. Ahora ya son los gobiernos de cualquier color o ideología, quienes tienen que procurar transformar la estructura y el funcionamiento de la sociedad. Para ello tendrán que estar entrelazados la tecnología y el capital humano del país.

Finalmente los ejes básicos de la producción seguirán siendo el trabajo, la administración de los bienes de la humanidad y sobre todo la autoridad máxima, la cual es la que posteriormente decidirá por dónde habremos de caminar. Urge que en México llegue al gobierno federal un estadista al estilo de W. Churchill, pero que no se crea Churchill como lo dijo el actual presidente de México.

En un ejemplo reciente, respecto a una sugerencia dentro del mismo gobierno municipal de los Estados Unidos, en donde se puede mostrar la creatividad para allegarse recursos el Ayuntamiento fue: "El de imprimir logos en las placas de automóviles del equipo de fútbol de esa localidad, con un costo adicional" eso es usar el conocimiento para crear recursos a favor del municipio, de ahí otros lo imitaron.

El hecho es que no se quiera rivalizar con estos dos conceptos, pues somos los mexicanos muy dados a teorizar de más. Por antonomasia hiperbolamos todo lo que vemos.

Otro de los errores por parte de los connacionales es que el propietario o funcionario público no aprecia al hombre o mujer que se prepara. Por tanto no le remunera su esfuerzo, es decir no paga el conocimiento. Por otro lado las mismas personas no sabemos cobrar dicho conocimiento. Esto sin dejar de fuera que los mexicanos, cuando tenemos el conocimiento sobre determinada área, no lo compartimos, ese egoísmo nos ha llevado a ser una sociedad tribal, criticada dentro y fuera de México.

En las economías avanzadas de hoy día, la mayoría de los trabajadores se ocupan de crear e intercambiar datos, información y conocimiento sin rivalizar. Lo anterior hace que todos se desarrollen. Es difícil explicar lo que es el conocimiento, pues este es intangible. Lo que sí se puede hacer es manipularlo, pues el conocimiento se lleva de manera portátil. Es como cargar una Lap top, en donde puedes entrar a retroalimentarte pero también participas con tal acción.

Lo que sí es difícil, lo cual tendremos que tomar en cuenta es que el conocimiento se pueda embotellar, pues este fluye, si lo guardas, no dudes que cuando lo quieras sacar, este ya no tenga ningún valor. Así, el conocimiento tendrá que hacerse tangible lo más pronto posible, pues los bienes del conocimiento tienen características extrañas. Hoy más que nunca el conocimiento es universal, pero paténtelo lo más pronto posible. En México pagamos más en patentes externas que lo que representa el PIB nacional.

Tofler dice que "la economía del conocimiento" es "el petróleo del mañana". Los países petroleros desarrollados, ya están diversificando sus inversiones; mientras los mexicanos seguimos dependientes de esa rama de la industria extractiva. La otra es la información tecnológica, también con ciertos avances en nuestro país, pero aún sin el apoyo suficiente para estar por menos en el camino.

En la actualidad existen algunos programas estatales para el desarrollo de las Tecnologías de la Información, los cuales han estado dirigidos al crecimiento de empresas de dichas tecnologías. Estas se encuentran enfocadas a desarrollo de software; business process outsourcing (BPO), contact o call center. También servicios de tecnología de información, dispuestos al perfil de usuarios, que se encuentran dentro del incremento de capital intelectual, con el que se ha estado trabajado en instituciones de educación pública y privada, aumentando así capital intelectual de alto nivel mediante la certificación en capacidades técnicas, tanto de negocios como en el dominio del idioma inglés. Pero el reto actual es ayudar a los empresarios a buscar esquemas de comercialización, maduración de sus procesos, basados en el aseguramiento de la calidad de los mismos. Tema que se desarrollará en el cuarto capítulo, titulado la ciudadanía.

Sin embargo, se puede adelantar que la creación de infraestructura y el desarrollo de centros de investigación, aunado a la modernización administrativa del gobierno actual para que el acceso a las tecnologías, se conviertan en un recurso básico para el desarrollo.

2.3.1. ¡El reto de la administración!

Quiero finalmente señalar, que no es una tontería hacer una prospectiva. De hecho, la educación teórica que recibe el alumno de ciencias políticas y administración pública es precisamente hacer diagnósticos; conocer las causas y descubrir tendencias. Al menos cuando existen buenos maestros. que en definitiva nuestra academia tendría que ser la primera en innovarse, no permitiendo simuladores.

Realmente será un reto para la administración pública todos los desafíos que presentarán las posibles modificaciones en el gobierno generador de riqueza, pues como bien se sabe las adquisiciones hostiles con intereses malévolos, realmente desafían la función de la administración, su papel y la legitimidad que el mismo gobierno le pueda brindar. De ahí la petición de una autoridad máxima en el Poder Ejecutivo. En este mes de agosto de 2011, me llegó un aviso del Archivo General de la Nación que dice:

A nuestros investigadores y visitantes:

Se les informa que la Secretaría de Hacienda y Crédito Público nos ha asignado las tarifas para el cobro de varios nuevos servicios que el Archivo General de la Nación proporcionará a partir del mes de agosto. Para más información, puede consultar la página del AGN en *www.agn.gob.mx* en la sección de Servicios a Reprografía Cuotas de Recuperación.

Nota: El Archivo General de la Nación, en tanto órgano desconcentrado de la Secretaría de Gobernación, no conserva los ingresos generados por concepto de estos servicios, pues los entrega íntegramente a la Tesorería de la Federación.

Esto es un ejemplo real del tipo de administración que hay en nuestro país: todos los recursos van a la Secretaría de Hacienda a una bolsa enorme sin que las instituciones centralizadas o empresas públicas, vean los resultados de su buena administración. En el caso de Petróleos Mexicanos, PEMEX, la empresa siempre está sufriendo por recursos, pues las utilidades nunca las percibe en proporción para tener una empresa de cinco estrellas. No hay incentivos para innovar o invertir en otra áreas productivas en el caso de las paraestatales.

Asimismo, esta administración futura tendrá que fundarse en resultados, pero se equivocan aquellos que piensa o definen que los resultados nada más se miden con utilidades de tipo oligarca a corto plazo, además de desplazar las demás áreas interesadas. Explicando un poco más esto último y, esperando que el lector pueda comprender, pues no es tan sencillo vislumbrarlo cuando no se ha leído sobre tema.

Los cambios afectan a todos, ya sea que estén dentro del sector público, o privado. Recientemente llegó la noticia de que: "Cambia de giro el personal de Wall Street"[73]. Estas personas dinámicas hombres que cerraban acuerdos de millones de dólares y vendían fondos de inversión, hoy ante la crisis financiera internacional, muchos han tenido que dedicarse a trabajos completamente diferentes.

El Estado es la parte del cascarón, después sigue "lo público", el cual está dentro de ese "Todo", que es el Estado. Es decir que ahí, dentro de lo público, se encuentra lo privado y lo social. El hablar de "lo político" es señalar todo lo estructural.[74] Esto es importante ya que no se viene hablando de manera

---

[73] Milenio El Portal, 21/agosto/2011 p. 28.

[74] Explicación: Política, sin el artículo -La- (política) es la teoría. Lo político es lo estructural, La política, es la acción de actuar en razón de la autoridad, Las políticas, pudieran ser públicas, estas son: todo aquello que hace o deja de hacer el gobierno o si son privadas, son políticas de las empresas, las cuales se implantan para que se maneje el personal de acuerdo a ellas.

suelta, de lo público, de lo privado y social de forma anárquica, no se trata de confundir, como es común, lo público con lo privado.

Así que el administrador público del futuro, el cual repito ya está aquí, deberá prepararse para atender nuevos esquemas. Como nota al margen, el IAP Veracruz, tendrá que revisar su plataforma académica y sus programas para estar acorde a la economía del conocimiento. No se puede seguir contratando profesores por amistad o por imposición, desplazando a los maestros que se actualizan y presentan investigaciones viables.

Ahora bien, hace un siglo, los campos del conocimiento social, se han bifurcado. Los planos del conocimiento se han venido especializando, pero otras, como la economía, se han perdido y no encuentran su objeto de estudio. Es una ironía que el análisis es el fuerte de los economistas posmodernos, con todo ello y su dificultad de predecir, no es difícil explicar por qué la ciudadanía o los lectores en general se aburren de lo lindo cuando se proponen leer sobre dicha área del conocimiento social: los economistas ya no dicen nada porque no tiene una base teórica solida respecto al valor, todo por no leer la teoría de la economía de Marx (1977)[75], quien explica la Teoría del Valor.

Lo que le sucede a la economía es una ilustración importante para ser tomada en consideración para el reto de la administración en la era del futuro. En México, perdimos la oportunidad del avance tecnológico, pues el General Lázaro Cárdenas, un estadista que amaba a su país, fundó el Instituto Politécnico Nacional, más adelante los gobernantes hicieron que se extraviara su objetivo por el cual fue creado. El Instituto en sus inicios llegó a desarrollar investigación trascendental, uno de ellos, fue el adelanto tecnológico de la televisión a color con Guillermo González Camarena. En el caso contrario Estados Unidos como buenos oligarcas, que no tienen el principio del "amor y odio", todo lo ven como ganancia, e incluso las investigaciones por ello van siempre adelante en la creación de alta tecnología.

Fue así estimado lector, que en pocos años, los investigadores de ese instituto, sin el mismo respaldo que sus vecinos angloamericanos, ya no pudieron competir más. Al día de hoy agosto de 2011, siguen sin encontrar la brújula. Fue por ello que sus directores ya lo desviaron a las aéreas sociales, una salida espontánea por no decir simplona.

Los teóricos de la administración pública tienen el compromiso moral de empezar a adecuar las nuevas teorías del conocimiento universal, ya que hasta el momento ningún modelo administrativo ha salido de las aulas de nuestras

---

[75]   Marx (1977)

universidades. Queramos o no, los fanales de la productividad serán la base fundamental de la economía mundial.

Es por ello que la innovación tendrá que ser la guía de los administradores públicos, los indicadores lo señalan. Es urgente que los académicos encargados de la formación de jóvenes, contemos con un enfoque que haga de nuestra disciplina un factor esencial dentro de un gobierno generador de riqueza. Ese sería un reto más para los administradores públicos, que desarrollen disposiciones facultativas o prácticas.

Hasta aquí, llegaría el análisis, explicación de las causas de la cosa pública, respecto a la adecuación y posible implantación de un gobierno con las necesidades intrínsecas de ser eficiente para iniciar una era futura que logre resultados concretos respecto a producir riqueza, tal como ya fue expuesto en estas cuartillas que llevamos leyendo.

La sentencia es: adaptarse o morir. Tal vez podría ser nuestra última oportunidad de treparnos al avión turbo del futuro. Si bien la oligarquía mundial tiene un principio retorcido, no queda otra. Para ellos el dinero, al igual que la información, no conoce patria. Tampoco podemos remitirnos al principio democrático, pues ya nos demostró en la práctica que no es la panacea, pues el imperio de la Ex-Unión Soviética tampoco pudo terminar con la pobreza.

México debe retomar su principio republicano con el que nacimos y que fue ampliamente explicado en el primer capítulo. Es decir contar con un gobierno que vea por todas las clases sociales sin detrimento de ninguna, pues ya probamos que administrar únicamente para los privados no ha resultado, por lo menos en nuestro país.

La propuesta general de este apartado es que nuestra manera de proceder en el futuro será mejorando lo que hemos experimentado hasta ahora. Tenemos que evitar la tendencia de este modelo administrativo desordenado, la administración pública debe adecuarse para el futuro que es hoy. Es la necesidad de involucrarnos activamente a las sugerencias que hacen otros gobiernos. Pero insisto aprenderemos de ellos siempre y cuando lo hagamos a nuestra manera o estilo de vida.

Sé muy bien que es un desafío para todos. Primero el gobierno, la admistración pública, así como los encargados de los distintos sectores de la población; sobre todo los empresarios mexicanos, quienes en este país no exigen como en otras partes, porque están a pegados al presupuesto del gobierno.

Es por ello que es inaplazable que el gobierno veracruzano requiera a sus funcionarios de la administración pública, que evalúen el desempeño o los resultados de su dependencia, lo cual es laborioso pero no difícil. Las frustraciones han sido constantes cuando de evaluar se trata. Recientemente la Contraloría General de la entidad veracruzana, estaba tratando de que las dependencias centrales y paraestatales les enviaran sus indicadores administrativos, pero puedo estar seguro que no han tenido avances, pues están acostumbrados a evaluar producción pero no resultados.

Este sería un buen tema de investigación para un próximo evento del IAP, el desarrollar un sistema de evaluación no únicamente de los procesos sino de los resultados. Pero según la teoría así como la práctica, en algunas empresas privadas la producción no garantiza los resultados. Esto se puede medir en la educación de una escuela técnica o en el mismo ICATVER, cuando me tocó evaluarlo. En sus subdelegaciones estos pueden entregar diplomas y diplomas a quienes terminan un programa de mecánica o soldadura. Pero si los graduados no encuentran trabajo como mecánicos o soldadores ¿De qué sirvió el programa o esfuerzo? Puede generar una producción sin generar resultados positivos.

De ahí la constante insistencia de instalar el modelo de Calidad Total, pues dentro de los procesos utilizados en este modelo administrativo, se evalúan constantemente los procesos internos, para conocer en dónde están los problemas y así poder corregirlos. En algunas ocasiones a los alumnos de administración pública les pongo ejercicios del Sistema de Educación en Calidad, sobre todo los conceptos básicos como: El proceso para el mejoramiento de La Calidad, puedo decir que existen cuatro principios básicos que son: definición, sistema; estándar de realización y medición.

El estándar de realización nos enseña un estándar contra el cual se puede comparar nuestro desempeño: hay estándares de realización para la calidad, los costos y la programación. Lo ideal sería que los servidores públicos en la administración pública cumplieran con los requisitos de tiempo y dentro del presupuesto. Sin embargo, en la realidad no es posible implantar sistemas de Calidad por tanto impostor que existe ya sea en la teoría como en la práctica. Los primeros piensan que por haber tomado un curso de Calidad ya pueden ser capacitadores. En el caso práctico, los Secretarios de despacho son engañados por sus inferiores debido a que el Funcionario nunca se ha enterado de qué trata el modelo administrativo de Calidad Total.

Una propuesta más, es que el IAP, implante cursos para los Altos mandos de la Administración Pública. Les dé talleres de Calidad Total, pero únicamente a los funcionarios, para ver si por eventualidad les entra el virus de la Calidad. Solamente espero que no sean profesores de administración de empresas, ya que lo ven con otra visión, la cual no le pertenece a la Administración Pública. En caso que sea así, que éstos den los aspectos técnicos únicamente.

CAPÍTULO III

Ética pública

3.1. LA ÉTICA EN LA ADMINISTRACIÓN PÚBLICA.

> Así, pues la virtud moral es un término medio,
> cuyas características hemos precisado; es un término
> medio entre dos vicios, uno por exceso y otro por
> defecto; y su naturaleza proviene de que ella tiende a
> un equilibrio tanto en los estados efectivos como en
> las acciones. Aristóteles (1982)[76]

L A ÉTICA O filosofía moral tiene como objetivo y función reflexionar, analizando un dato personal y social, cultural e histórico, pero también universal, que llamamos moral. Marcelo Ramírez (2003)[77] señala que la conciencia nos acompaña siempre, la sabemos en nosotros y con nosotros. La consciencia de clase es un fenómeno social histórico, el cual es un resultado de la evolución del ser humano, que desde que nace, tiene como esencia un principio que lo determina a qué clase política pertenece.

---

[76] Aristóteles (2008) p. 315.

[77] Ramírez (2003) Estimado lector, el Maestro Marcelo Ramírez, hace un exhaustivo trabajo en su obra *Los valores en la ciudad secular*, es por ello que utiliza "conciencia" en lugar de consciencia. Aclaración: la palabra "consciencia", etimológicamente quiere decir "con-ciencia" es decir "con conocimiento". La palabra consciencia según el Diccionario tiene dos acepciones; a) conocimiento inmediato que el ser humano tiene de sí mismo, es decir, de sus actos y sobre todo de las reflexiones; b) Es la capacidad del hombre de verse y reconocerse a sí mismo, de juzgar y analizar esa visión de reconocimiento

Por ello, la toma de conciencia significa asumir su responsabilidad, primero con su clase y después con la sociedad en la que se encuentra conviviendo, dentro de ese todo compuesto llamado Estado. Ante esto, es verdaderamente lamentable cómo algunos servidores públicos transitan desde hace muchos años de manera inconsciente, sobre todo, en los momentos cruciales de administrar para la cosa pública. Carlos Marx, el creador de la doctrina económica, contraria al "liberalismo", además de formular genialmente la aplicación de los principios del materialismo dialectico a la vida social, señaló en alguna ocasión:

> No es la conciencia del hombre la que determina su ser, sino lo contrario, el ser social es lo que determina su consciencia.

Sin embargo, en el caso mexicano pareciera que toda teoría política o económica e incluso social, fracasa irremediablemente. Pues según mis análisis, dentro del terreno electoral, las clases pobres que sobreviven en medios materialmente inopes, votan por proyectos oligarcas, así como una buena cantidad de la clase media. Lo cual es aún más vergonzoso dada su condición ilustrada. Es decir, votan por propósitos que benefician a la clase rica. Dicha reflexión es porque considero que la conciencia nos debe de aclarar sobre la advertencia de sí mismo y del medio en que se desarrolla su clase social, pero también de los espacios del gobierno y su administración pública, de las organizaciones sociales y sobre todo políticas como los partidos políticos. El pobre nivel académico mexicano: su ignorancia frena la conciencia en la medida que la coloca a lo que ignora; es decir conforme dicho desconocimiento aumenta, el grado de inconsciencia crece no únicamente en lo individual sino también en lo social. Es la falta de objetividad del mexicano; al no reconocer su medio social, nos lleva a las deformaciones mentales, las que a su vez nos conducen a no reconocer la realidad en que vivimos.

Por lo anterior es un requisito sin el cual difícilmente podríamos tener consciencia de clase. Es más, la carencia de sentimientos nacionales nos lleva a la cancelación de la misma conciencia. Por lo tanto en México, dentro del terreno de la política, debido a que su población no se informa sobre los proyectos partidistas a la hora de la votación, ésta a la hora de efectuar el voto lo hace de manera inconsciente y las más de las veces, apelando a la emoción. Marx, dentro del Manifiesto del Partido Comunista, señala: "La historia de todas las sociedades hasta nuestros días es la historia de la lucha de clases".

MARIO RAÚL MIJARES SÁNCHEZ

Asimismo, dejemos que Shakespeare hable al señalar: "la consciencia tiene más de mil lenguas".

Ahora bien, una vez aclaradas tales categorías filosóficas retomo lo moral. Dicha categoría está conformada por valores sobre oposición de contrarios como el bien y el mal; de lo correcto y lo incorrecto; de los malos y los buenos. Una dialéctica que nos lleva a un callejón sin salida, pues se es bueno o malo, pensado que no existen opciones.

En el primer capítulo, tomando a Aristóteles, plasmé una serie de condiciones respecto a las pasiones del ser humano. El estagirita nos habla de que el término medio relativamente al hombre es lo mejor, pues como él le denomina, "los justos medios" donde se impone la ciencia y la razón. Ante tales hechos, nos muestra en su tratado de *Ética Eudemiana*(1982) [78] las disposiciones intermedias, mismas que después desarrolla en todo su excelentísimo tratado.

Irascibilidad	indiferencia	mansedumbre
Temeridad	cobardía	valor
Desvergüenza	timidez	vergüenza*
Desenfreno	insensibilidad	templanza
Envidia	(explicación**)	justa indignación
Lucro	pérdida	lo justo
Prodigalidad	tacañería	liberalidad
Jactancia	autodepreciación	sinceridad
Adulación	grosería	amistad
Servilismo	suficiencia	dignidad
Voluptuosidad	sumisión a la desgracia	fortaleza
Vanidad	pequeñez de espíritu	magnanimidad
Extravagancia	desaliño	magnificencia
Bellaquería	simpleza	sabiduría

[78] Aristóteles (1982) pp. 550 -551. "Vergüenza"*, en el sentido de respeto, del honor, de la dignidad bien entendida. "Envidia"**, este extremo vicioso se designa como (símbolos griegos), es decir, el hecho de regocijarse en el mal de otro, "malignidad" o "malevolencia", en contraposición a la envidia que es, propiamente, sufrir por el bien del otro".

Estas y otras semejanzas de las afecciones que experimenta el alma, todas ellas según palabras de Aristóteles, "caracterizan por ser un exceso o defecto". Sin embargo, es justo comentar, que todos los defectos de la demasía tanto en el tomar o en el desenfreno son pasiones que el ser humano mantiene desde su aparición, creación o evolución, depende del lector.

La ética es un tema muy ocurrente pero siempre queda confuso. La mayoría de las veces son tratados filosóficos, que cuando se quiere tomar tierra, continuamos volando; eso me ha sucedido incluso en la capacitación. Veo cómo los capacitados cuando termina el curso están en las mismas. Por la experiencia de más de veinte años, no he sabido que un secretario o director general hayan tomado un curso de ética y menos cuando estos están en funciones. Por ello tampoco conozco casos en que las dependencias, los secretarios, se reúnan con su personal para hablar de ética en el servicio público.

Tal exigencia debería iniciarse con el encargado del Poder Ejecutivo, y no permitir que su llamado gabinete sólo simule que instauró las normas de ética en su dependencia. En algunas instituciones educativas lo han intentado algunos directores, pero aquí es lo contrario. La media del profesorado en niveles básicos, medio superior e incluso superior, son tremendamente conflictivos. Son maestros que llevan a la raíz cuadrada la simulación. Una vez fui invitado a dar un curso sobre Calidad Total, asistieron como treinta integrantes del magisterio. Nunca había visto tanta soberbia. Finalmente se quedaron con su bosquejo de "Calidad en la Educación", el cual me parece, con todo respeto, un verdadero galimatías, pero ninguno de ellos se contagió del virus de la Calidad, pues cuando se entiende, adentrándose en sus principios, te torna un hombre o mujer de calidad, con una ética profesional digna de un país desarrollado.

He reservado para el final de este capítulo el logro que, a mi juicio, podría incidir en las posibilidades para poder consolidar una ética pública que pueda iniciar el avance para afianzar una sociedad abierta en México. Es importante que desde la escuela se empiece a entender la ética pública y ética privada, misma que los gobiernos mexicanos históricamente han soslayado una y otra vez. Sobre todo, desde que los presidentes militares abandonaron la posibilidad de continuar en el poder, dejándole a los civiles la responsabilidad que por desgracia precisamente no han asumido; contrariamente a los generales posrevolucionarios que manejaban una ética republicana, ordenando que los mexicanos desde preescolares hasta universitarios, amaran a la "Patria" mexicana por todas las cosas.

MARIO RAÚL MIJARES SÁNCHEZ

Los gobiernos civiles desde el sexenio de Miguel Alemán Valdés iniciaron un libertinaje en todos los frentes. Uno de los más perjudiciales fue el económico. La sociedad mexicana perdió todo civismo y amor al país, además de respeto para los símbolos e instituciones como la misma Institución Presidencial.

En dicho libertinaje oligarca, impuesto con el principio individualista capitalista es que cada habitante esté en condiciones de decidir aparentemente su moralidad privada. Misma que no posee por culpa de los aparatos ideológicos del ahora "Estado de Derecho" que tanto ufanan autoridades e ideólogos del capital. La consecuencia de todo ello es el famoso pluralismo y esa pedantería intelectual llamada "libre albedrío", la cual significa según diccionario de la lengua española: voluntad no gobernada por la razón, sino por el apetito, antojo o capricho. Para ampliar el tema véase a Fernando Savater(2003)[79] quien en su trabajo: *Tribulaciones del Albedrío,* cita a Torben, para explicar la angustia existencial del ser humano bajo el capitalismo desarrollado. Para Fernando Savater, el libre albedrío es la facultad de elegir e inventar acciones, de querer o no querer. El caso es que dicha expresión, siempre ha estado cuestionando desde que San Agustín la acuñó.

Ahora bien, Francoise Durox(1997)[80], en el análisis de: "una política de la ética" siguiendo a Lacan quien habla de ética y psicoanálisis se pregunta y se contesta ¿ética o costumbres actuales". Tal confusión Patricio Marcos aclara señalando que: la ética es más o menos lo que el psicoanálisis, a condición de añadir más que menos, porque la ética de los antiguos contiene un saber científico no solamente semejante sino superior al redescubierto por el psicoanálisis a fines del siglo pasado. La voz francesa *éthique,* tanto como la latina *ethica,* o la palabra española *ética,* provienen del griego. Lacan toma estos vocablos para evitar la palabra moral que significa lo mismo.

La ética privada es la ética personal. El camino que el individuo puede escoger para alcanzar la autonomía o independencia moral, la felicidad o el bien en virtud. Por lo tanto, si el fundamento del individuo su es la creencia religiosa, entonces se trata de la ética del creyente, es decir la ética de su salvación, a la sazón estamos frente a una ética laica.

---

[79] Savater (2003) p. 82.

[80] Lacan (1997) El libro se titula: *Lacan con los filósofos,* en donde Francoise Durox, comenta el tema de la ética en la política. La obra del Dr. Patricio Marcos, *Psicoanálisis antiguo y moderno.* (1993) "Ética y psicoanálisis". pp. 50-74.

A partir del Estado moderno se han producido desviaciones sobre la ética pública, pues los ideólogos del capitalismo han pretendido que ésta fuera también ética privada. Por ello Mussolini llegó a afirmar que no habría salvación fuera del Estado. En el México actual, después del periodo de José López Portillo, se convirtió una vez más en un peligro. La Iglesia católica en tanto Institución, y los gobiernos posteriores (principalmente los del Partido Acción Nacional) quienes a partir de un pueblo creyente y abandonado el Estado laico, han venido impulsando una ética pública a partir de una ética privada.

Marcelo Ramírez(2011)[81] difiere un tanto respecto al Estado, de quien señala que bajo el Estado laico los ciudadanos pueden promover una cultura de la vida opuesta a la cultura de la muerte. Se refiere al viejo régimen, comparándolo con el nuevo, donde las ventajas de éste son una serie de valores respecto a la identidad del individuo así como la defensa de los derechos humanos.

La decadencia del Estado mexicano no se detendrá mientras exista un grupo reducido de familias que lo tengan secuestrado. Dicho encadenamiento se dio desde la gestión de Salinas de Gortari. Desde esa época, dichos grupos, obligaron al gobierno a subordinarse en favor de sus intereses y, así, es como actúan en consecuencia de sus privilegios particulares, intimidado siempre: respaldados por el poder del Estado.

La propuesta es que el Estado Mexicano avance en todos los aspectos, se han desnaturalizado los representantes de la iglesia, quienes junto con los panistas, gozan los privilegios del siglo XIX. Las mismas universidades confesionales radicales, no perdonan a John Locke quien señaló: "Los derechos del hombre no pertenecen a la esfera de lo religioso [..] La autoridad eclesiástica no puede abarcar las cuestiones civiles de que la Iglesia es distinta y está separada. La Iglesia y el Estado son dos órdenes diferentes por su origen y por sus fines que se proponen".[82]

Es importante que cuando el servidor público se enfrente a estos dilemas de la ética y la moral, será conveniente asesorarse bien antes de contratar a un capacitador que les hable a los empleados sobre estos temas. En la reflexión o discusión sobre dichos cuestiones, estamos obligamos a estar conscientes de que los obstáculos vienen tanto del fanatismo; los prejuicios; de la irracionalidad y por parte del escepticismo.

---

[81]   Ramírez (2011) p. 206.
[82]   Locke (1984) En cartas sobre la tolerancia.

MARIO RAÚL MIJARES SÁNCHEZ

El pensamiento y la libertad son la clave para abandonar la hipocresía. En este país, debido a todo este dilema ya escrito a lo largo del trabajo, los mexicanos estamos acostumbrados a echar mano más de nuestros derechos que de nuestros deberes. No podemos seguir reduciendo la ética cívica y política a una cuestión de un derecho engañoso, parcial y perjudicial. Retomado a Savater en la obra ya citada dice: "los seres humanos podemos inventar y elegir en parte nuestra forma de vida aunque también equivocarnos".

Lo que en realidad diferencia al hombre del ordenador es la libertad de pensamiento. Una tarea que le corresponde exclusivamente al hombre y en la cual nunca será desplazado por una maquina. La capacidad de pensar libremente, sin ninguna determinación previa. La libertad esencial del ser humano consiste en la posibilidad de relacionar el pensamiento según su propia decisión y capacidad de análisis.

Debo concluir, que ningún sujeto de la ética se le puede demandar actitudes heroicas; ningún rigorismo propuesto en letra se debe imponer al espíritu de la condición humana.

Todo código moral que se implante en lo público o en lo privado puede ser perfectible. La exigencia externa e interna del individuo se verá reflejada en la actitud del mismo. Por ello, en la administración de calidad se enseña a tener actitud ante la vida, así como eficiencia en el trabajo.

Dentro de la ética pública respecto al gobierno, alguna ocasión Kant escribió que: "Toda acción referida a los derechos de los otros, que no soporta ser publicada es injusta". Por ello al formular un imperativo categórico respecto al gobierno veracruzano, lo cual cae en el ejercicio de la política, el deber del mismo es ser transparente, hacer público lo que hace y deja de hacer.

Asimismo, uno de los deberes del ciudadano consciente y sobre su ética privada, es exigirle al gobernante que explique por qué hace lo que hizo, o dejó de hacerlo. En México ya tenemos la experiencia de lo que es gobernar ilegítimamente tanto en el Federal como en los otros dos niveles, en donde estos han trasgredido la confianza de la ciudadanía así como la ley.

Todo ello lleva al descredito de los gobiernos, quienes pareciera que no tienen idea de lo que es la ética pública, en razón de un compromiso social. Es también incoherente e ideológico, el incumplimiento de lo prometido, así como la inacción política, la omisión de respuestas, de todo aquello que desilusiona a los próximos electores.

Lo anteriormente expuesto, lleva a la ingobernabilidad, pues cada día se usan más las trampas ideológicas. Por ello, los gobiernos tienen que estar degradando o manoseando nuestra Carta Magna, para adecuarla a sus intereses de grupo. Eso es crisis de gobernabilidad, tal como se puede consultar a Carlos Mondragón(1997)[83], en su ensayo "Las condiciones políticas de la gobernabilidad en Europa Occidental".

Para concluir el tema, me remito a un estudio reciente del Instituto Nacional de Administración Pública INAP, respecto a los valores que debe tener el servicio público. Para ello, envió un cuestionario a mil quinientos funcionarios aproximadamente, la respuesta en general coincidieron en llegar a tener dentro del gobierno, un compromiso ético como la competencia más importante. La responsabilidad ética que estos directivos de la administración pública se referían es el actuar con profesionalismo, mostrando una conducta coherente con la ética y los valores del servicio público.

Puedo asegurar que la ética de todos los funcionarios, estará de acuerdo al principio político del jefe del Ejecutivo, pues es él quien elige a sus cuadros administrativos. En numerosas ocasiones los nombra, enterado de que muchos de ellos son elementos no gratos y que van a la administración pública con intereses personales, aún así los mantiene. Eso se llama corrupción política, la cual es la más difícil de eliminar. La pregunta, que tipo de personal va designar el funcionario, pues lo único que hace es repetir el esquema del Ejecutivo. Es muy conocido el lema de los trabajadores de base cuando se realizan cambios cada sexenio. Se escucha decir: "Estos solamente vienen a llenarse los bolsillos, no les interesa la institución".

Por ello al analizar la encuesta realizada por el INAP, nos muestra toda una percepción interesante, de lo que es ético dentro de nuestra cultura organizacional en la administración pública. He tratado de no ser fatalista en casi toda mi vida como académico. Pero es inaceptable no decir nada ante tanta evidencia, sería peor todavía. Ese menosprecio a las normas, tiene que ver con el desprecio a la ley en nuestro país. Carl Philipp von Clausewitz, dijo alguna vez que: "En un país donde hay buenas armas hay buenas leyes",[84] entonces de nada interesa que tengamos tanta norma o leyes, que la Contraloría, se la pase reprobando o aprobando reportes de procedimiento sin ningún peso respecto para acabar con la corrupción.

---

[83] Giner/Sarasa(editores(1997) pp. 25-26

[84] Clausewitz, su obra cuya influencia sobre la concepción de la guerra no sólo constituyó la base del pensamiento militar alemán hasta la ascensión al poder del nacionalsocialismo, sino que fue tenida en cuenta por un pensador marxista como Engels, y luego por gerifaltes de la misma tendencia, como Lenin o Mao Zedong, en la delineación de su estrategia revolucionaria.

3.2. El factor humano en la administración pública.

> Razón o ignorancia, dos cosas opuestas, influyen en la mayoría de la humanidad. Si se logra que una de ellas esté bastante entendida por la ciudadanía de un país, el mecanismo de gobierno funciona con fluidez. La Razón obedece a sí misma, y la Ignorancia se somete a todo lo que se dice.
>
> Thomas Paine (1984)[85]

Es preciso convencer a los políticos de que sin una buena oferta de la administración pública, nunca se obtendrá un gobierno eficiente. En caso contrario, nadie se podrá quejar y no quedará más remedio que resignarse, o lo que es peor, seguir despotricando en el vacío, en contra de los servicios del sector público.

Por supuesto que hay algunos hombres y mujeres que se encuentran dentro del servicio público que son personas de confianza en sus individualidades de ética para brindarse en el trabajo de servir. Lo que sucede es que existe un terrible fatalismo mal entendido; no es correcto generalizar al hablar del servidor público respecto al mal servicio. El naufragio no es culpa de los marineros que reman con fuerza, si bien influyen las condiciones climatológicas, el responsable es el capitán por no prevenir los posibles problemas meteorológicos.

Tal como se viene dando el presente escrito, la causa de la desviación o naufragio de la administración pública mexicana, (me estoy refiriendo a sus tres niveles de gobierno) ha sido la carencia de guía e implantación de un modelo administrativo, que contenga un excelente sistema general de procesos de calidad, en donde el empeño humano y la educación ciudadana, sea sin duda la más humana de toda, tal como lo hemos estado leyendo dentro de este texto.

El dilema es la toma de decisión fundamental del gobernante desprovisto de una visión de estadista, quien en muchas ocasiones pierde de vista a los remeros. Freud aseguró en alguna ocasión que existen tres tareas imposibles: educar, gobernar y psicoanalizar. Sin embargo, señala Weber que Freud

---

[85] Paine T. (1984)p. 142

prefirió el gobierno inglés al de la Alemania nazi. Nunca renunció a su tarea de psicoanalizar además de dar capacitación sobre psicoanalista.

Todos los ciudadanos, e incluso las autoridades, queremos tener servidores públicos que posean una imaginación creadora y una voluntad de acero para efectuar las cosas, muy a pesar de la laboriosidad poco entendida desde adentro de la cosa pública y fuera de ella. Sin embargo, todos hemos pagado el precio por no contar con servicios de calidad, en cuanto a los de adentro. Es decir, el funcionario público de todos los niveles, no entiende que en cada toma de decisión errónea se pueden morir seres humanos. Algunos piensan que estar dentro del gobierno es únicamente sacar provecho de todo. En el caso externo, todo lo que ocurre a la ciudadanía culpa de inmediato al gobierno.

En mi peregrinar por las oficinas públicas, he conocido funcionarios y servidores públicos de confianza y de base, quienes libran sus propias batallas, a menudo desiguales a la vez que silenciosas; honrando muchas ocasiones el encargo que les han confiado.

No siempre la deficiencia proviene del traspié del servidor público, pues hay ocasiones que son errores humanos, que se solventan en muchas ocasiones con capacitación objetiva. En efecto los más graves yerros son educativos. La otra es que el servidor público tiene la presión de dos lados: la del encargado de la dependencia y la ciudadanía. Ante ello el cometido del trabajador hay que juzgarlo con cierto cuidado.

Por tales razones es preciso determinar la tarea de ambos. El gobierno con su toma de decisiones políticas y la misión de los que se encuentran en la administración pública. En donde ambas partes tendrán la obligación del valor moral sobre el servicio público que se le brinda a la ciudadanía. Es claro que como ya se señaló, el hombre o la mujer que trabaja en el sector público, se encuentra atada por las normas la de regulación exagerada. Ante eso no compete al servidor público percibir ni actuar libremente como dice el contenido de sus atribuciones, el rumbo de sus tareas y la parte de sus deberes.

Si bien no se puede ser muy optimista respecto a la mejora continúa que esperamos del gobierno, habrá que abandonarlo cuanto antes. Tal vez no sea muy dado en convertir una reflexión en lamento; por tanto deseo de todo corazón que todo este esfuerzo de horas en la computadora escribiendo este ensayo finalmente tenga algún resultado positivo.

Pero retornemos al factor humano tan poco entendible cuando se habla de ello, pues por ahí alguien dijo que: ser humano es también un deber. Sin duda, son los mínimos atributos que debe tener, como la compasión por el prójimo, la solidaridad, y la benevolencia hacia los demás. Esos serían los rasgos de un ser humano. Si bien nacimos humanos, pero quizás eso no baste: tenemos el deber de serlo.

En algunas ocasiones cuando me ha tocado capacitar sobre el trabajo en equipo, le repito a mi auditorio que el ser humano consiste en la vocación de compartir lo que ya sabemos entre todos, enseñando a los recién llegados al grupo, cuánto debe conocer, para así hacerse socialmente válido.

El servidor público tiene un comportamiento demasiado heterogéneo, algunos pueden aprehender la realidad con demasiada facilidad sin que nadie se la enseñe ni directa ni indirectamente. El trato humano es clave de toda armonía, dentro y fuera del trabajo. Los jefes de las diferentes áreas de trabajo; los directores generales; subsecretarios y secretarios gobernadores, tienen el deber con sus subordinados, de tratarlos como seres humanos, pues todos necesitamos de todos. Nadie es un sujeto en la soledad y el aislamiento, pues el "ser" es siempre un sujeto entre sujetos: el sentido de la vida humana no es un monólogo, sino que proviene del intercambio de sentidos y experiencias.

Todas las personas que trabajan dentro de la administración pública, integran lo que llamo el factor humano. Son ellos el gran capital que no puede ser descuidado por los funcionarios de mayor nivel. Los especialistas en administración señalan que la motivación del personal es fundamental; al hacerlo, se convierte no solamente en una satisfacción, sino en rentabilidad.

Hoy en la actualidad hay un sinnúmero de consultorías privadas que se encargan de preparar y motivar a los trabajadores en las empresas del sector privado. Aunque de vez en cuando, algún encargado dé capacitación en las oficinas públicas, lo contratan precisamente para desarrollar un tema como el que vengo escribiendo en este trabajo. El grave dilema en esto es que dichos capacitadores en algunas ocasiones desconocen el ámbito público y lo dan como si fuera una empresa privada.

El caso es que recientemente se ha estado estudiando todas estas actitudes relevantes del ser humano dentro de las empresas. El objetivo es encontrar el buen funcionamiento de la organización. Sin duda, esto ha cobrado una gran importancia, debido al modelo de Calidad Total, el cual basa su éxito en el trato y la confianza que debe recaer en el trabajador.

Es por eso que este apartado tiene un particular interés, cuyo objeto de estudio es al factor humano dentro de la administración pública actual. Para ello se analizan las características del recurso humano. Sin embargo, el nuevo papel del departamento de personal, ahora le han designado desde una visión nada humana, "recursos" humanos, como si fueran recursos financieros o materiales.

3.3. Derechos y deberes del servidor público

> ¿América latina? ¿España? Por favor, que ya estamos nada menos que en el siglo XXI [...] Y si no tenemos más remedio que padecer lo malo de la era contemporánea, aprovechemos también lo bueno.
> Fernando Savater (2006)[86]

El presente apartado tiene mucho que ver con el factor humano. Dentro de la cultura mexicana, quizás desde la conquista española, nos hemos repetido que: el trabajo es un castigo, remembranza de opresión, de trabajos forzados en las minas de plata y oro. En la época porfiriana fueron los trabajos esclavizadores de las empresas del chicle, el hule, el mismo petróleo, en el tendido de las vías férreas, así como todos los acontecimientos plasmados por John Kenneth Turner en su libro *México Bárbaro,* cuando a la manera en que los "magnates del henequén", (planta cultivada durante siglos en la región), hacían trabajar en las grandes haciendas a indios mayas, así como de yaquis enviados desde el norte del país por el mismo gobierno, desterrándolos y arrebatándolos de sus familias. Los hacendados exhibían su complicidad con el gobierno, mas nunca se atrevieron a llamarle esclavitud.

En el México posrevolucionario hasta la fecha, todavía en algunos hogares mexicanos, los padres castigan de forma denigrante al niño o niña, con trabajos extras, cuando no se portan como los padres desean. En esa misma época de mediados del siglo xx, la escuela también fue una calamidad respecto a la obediencia silenciosa, en donde desde el kínder, después en la primaria incluyendo la secundaría, todos uniformados. A ningún ser humano desde niño quiere aprender aquello que le cuesta trabajo asimilar y que sobre todo le quita tiempo para dedicarse a lo que le gusta. Es aparente o real, pero es común que desde niños nos obliguen a hacer lo que no nos gusta.

Lo que he estudiado sobre otras culturas o sociedades menos cerradas que la mexicana, la imposición de este condicionamiento del ser humano ha aparecido menos cuestionable. Ahora bien, en el caso mexicano, en los últimos tiempos se han modificado algunas actitudes, no solamente ante la vida sino ante el trabajo; pero todavía más serio contra toda autoridad, llámese padres, profesores, gobierno entre algunas más.

---

[86] Savater F.(2006) p.5. *El valor de educar.*

Pero la libertad condicionada principalmente por medio del dinero hizo que también el mexicano se quedará "crucificado". Esta aporía se manifiesta mediante el condicionamiento de los padres hacia el niño, ese de "sí te portas bien". La misma evocación de la doctrina apostólica y romana, tal como lo expresan los sacerdotes, cuando recetan la doctrina de San Pablo, que es la de adoptar una actitud de indiferencia ante cualquier solicitud de trabajo. Ese es parte del tradicionalismo que tenemos arraigado hasta la médula. Como puede verse, la simple idea de hacer cosas no las hacemos, pues resulta más difícil hacerla bien. No obstante para ello es la capacitación, en donde se busca que los trabajadores en un ambiente laboral de calidad, obtengan una actitud aptitud hacía todo lo que realizan.

Después de todo este vertiginoso paseo histórico de manera de ser del mexicano, no queda más que, decir que al mexicano le hace falta disciplina, pero vista como una convivencia para un bienestar. En este punto coinciden todas las culturas y escuelas de pensamiento, por mucho que puedan diferir en otros aspectos.

Al servidor público mexicano por tantos, descalabros que ha tenido durante la historia misma de la administración pública; en donde siempre lo han relegado, con apartados constitucionales, dentro de los sectores central y paraestatal, e incluso esa división pedestre entre los empleados de confianza y de base, puede ser hasta justificado que no se deje educar, ayudar o capacitar con la intención de que conozca sus derechos y deberes. De esa manera, por razón de sentido común, hace uso de sus derechos pero no de sus deberes.

La otra situación es que la administración pública, no solamente carece de un modelo administrativo para el acatamiento de los manuales de organización. Todo ello lleva a que cuando un director administrativo quiere poner controles, los servidores públicos lo repelan como si estos controles fueran de tipo reformatorio, de la cárcel o del hospital psiquiátrico y entonces van con el dirigente sindical quien en lugar de educarlo lo pervierte más.

Este rechazo constante del trabajador a todo lo que le rodea ha creado odios; fobias que nos hace contraponernos a todo lo que se mueve. Es terrible el enfrentamiento que finalmente se realiza en donde la mayor parte de las ocasiones, lo arreglan a través de la negociación; por detrás de la puerta, manteniendo una actitud de conflicto poco productiva, misma que vemos reflejada en la sociedad cotidiana de un México que no avanza; sindicatos contra empresarios; propietarios contra el gobierno y trabajadores contra los jefes. En fin, es parte de una cultura que ha tenido un costo social muy caro.

Una vez más, la respuesta a todo este gran problema de los trabajadores de la administración pública es la instauración de manera inexcusable del modelo de Calidad Total, que si bien no es un cúralo todo, enseña a unir fuerzas en lugar de enfrentarlos a través de los círculos de calidad. Dentro de los derechos y deberes se logran los objetivos por grupos sin anteponer la individualidad, con un resultado que beneficia y desarrolla lo individual al mismo tiempo que la misma institución o dependencia de que se trate.

Es por ello que es importante cambiar el concepto de que el trabajo es un castigo, por el de: trabajo es igual a autodesarrollo, a través de un esfuerzo de grupo. Gracias a esta parte del sistema de calidad, como se logra redefinir, la actitud y dignidad del servidor público cualquiera que sea su área, es nivel jerárquico y, su grado de preparación. Cada nivel o puesto tiene su razón de ser. Es un eslabón necesario para que todos cumplan con su deber al mismo tiempo con el derecho de ser respetados y reconocidos independientemente de lo bajo que sea su escalafón.

Platón (1971)[87] en el diálogo de *La República* dice: "No habrá pues querido amigo, que emplear la fuerza para la educación de los niños; muy al contrario, deberá enseñárseles jugando para llegar a conocer mejor las inclinaciones naturales de cada uno." En México, tal dictamen debería ser utilizado no únicamente con los niños, sino también con los hombres y mujeres de todos los niveles, que aún no se han desarrollado lo suficiente como para convivir en una sociedad que está en espera de despertar a la libertad republicana. El juego es una actividad fundamental de niños y adultos, de todos los humanos: su carácter libre es en donde se conjuga la innovación permanente con la tradición: esto lo convierte en un tipo de especie de emblema total de su vida.

El respeto a la vocación de cada trabajador es una forma de amar la vida y un arma para luchar contra el miserable temor que nos ha ahogado por años. Ya es tiempo que la autoridad máxima de la administración pública, volteé los ojos a sus trabajadores. Primero para que ponga orden, después los eduque para que realicen un trabajo eficiente. La gran verdad es que el modelo de Calidad Total es la salida para que todos tengan un empeño laborioso y disciplinado, lo cual puede ser graficante en todos los sentidos.

Sin embargo, la conciencia sobre la calidad en todos los sentidos, no se logra con sólo poner una misión y visión inventada por uno o grupito de individuos y colocarlo en la puerta. Se logra a través de un compromiso entre gobernador y sus funcionarios de más alto nivel. Todo depende del ejemplo de la jerarquía mayor, después por medio de pláticas de ellos hacia los trabajadores

---

[87]   Platón (1971) pp-536-531.

y finalmente con la capacitación dirigida a las labores que estén realizando; el objetivo es la sensibilización en todos sentidos.

Urge que se dé la motivación a los empleados de las oficinas de gobierno. Con ello se podría terminar con muchas taras y vicios de ausentismo y retardos, entre otras calamidades. Por medio de una conducta motivada, el servidor público tiene el deber de mejorar y el derecho a tener una calidad de vida dentro y fuera de la oficina.

CAPÍTULO IV

La ciudadanía

4.1. LA CREACIÓN DE RIQUEZA

> [...] el apetito natural del zángano existe en él regularmente, siempre que tenga la ocasión de gastar lo que no es suyo. Platón

LA CREACIÓN DE la riqueza, ya lo había destacado en los primeros capítulos, en donde aclaraba que una cosa es el principio político oligárquico, que es la ganancia a toda costa o costo y, otra, la creación de riqueza suficiente para llevar una vida digna, evitando con ello una existencia con privaciones y mendicidad.

El Dr. Marcos (2010)[88] en su obra sobre la teoría clásica, nos remonta a los anales de la historia política de la humanidad, del cómo se constituyeron los primeros Estados; en dónde los hombres que dirigieron los gobiernos y desgobierno, se enfrentaron a similares problemas a los que hoy seguimos padeciendo. En la faena, Marcos remite una vez más al pensamiento de Aristocles para entender más sobre la discrepancia de contar con una riqueza moderada para que el hombre obtenga una vida digna. En cambio con la ganancia inmoderada, lo lleva a la vida buena, llena de excesos.

---

[88] Marcos (2010) "Los apetitos de riqueza ajena son semejantes a los ladrones y los mendigos. Los apetitos liberados por el haragán de las ataduras impuestas por la disciplina del ahorro y la ganancia, pasan a en convertirse primero enemigo de su propia clase social, después de los apetitos de los dirigentes futuros de la revolución y el régimen democrático". pp. 207 a 209.

No puede haber duda: el amor a la riqueza y el espíritu de la moderación no pueden existir unidos ni alcanzar una extensión considerable en los ciudadanos de un mismo Estado, uno o el otro será despreciado. Platón[89]

Con esta aclaración necesaria nos preparamos para evitar que los lectores puedan pensar que estoy proponiendo un gobierno oligarca, fundamentado en la ganancia y sustentado en lo que hoy día le han puesto el nombre de; "neoliberalismo", cual no tiene nada de nuevo pues sigue sustentándose en la vida privada, sobre la cosa pública. Mas bien se trata de encontrar los nuevos paradigmas en un mundo que es del más apto.[90] Max Weber(2001)[91] en su ética protestante señala de manera contundente:

El afán de lucro, la tendencia a enriquecerse, sobre todo enriquecerse monetariamente en el mayor grado posible, nada tiene que ver con el capitalismo. Son tendencias que se encuentran por igual en camareros, los médicos, los artistas, las mujeres del mundo, los funcionarios corrompidos, los jugadores [...] *en all sort and conditions of men* [...]

Ahora bien, dentro de los nuevos problemas de la productividad del mundo posmoderno, México se ha enfrentado al grave inconveniente de no contar con una planta productiva competitiva; tratando de dejarle únicamente a los privados la responsabilidad de la creación de la riqueza, especulando que estos pudieran modificar el rumbo para arribar de lleno al Estado Moderno con todas sus consecuencias ya comentadas anteriormente. Esto es una mera proactiva reflexión académica, con la finalidad de que logre dilucidar vías asertivas para afrontar adecuadamente los desafíos del panorama mundial actual.

El mal desarrollo de nuestra economía no solamente es consecuencia de la dependencia externa, sino de la administración de los recursos financieritos, humanos y materiales. Todo ello ha ocasionado que el crecimiento de las

---

[89] Ibid, Patón, República.
[90] Valdés (2001) Luigi Valdes, señala: "Hablar de nuevos paradigmas implica hablar de cambio. Los paradigmas son los supuestos fundamentales que explican cómo funcionan los negocios y establecen la forma de competir entre los integrantes de una disciplina determinada. Cuando un paradigma cambia, establece nuevas condiciones y supuestos, que traen consigo oportunidades.", p.1
[91] Weber(2001) pp.7-8.

fuerzas productivas y de riqueza, no sirvan para incrementar la prosperidad general del país todo esto ha desembocado en un desarrollo nulo.

Respecto a los alcances imbuidos por la actual globalización no son nuevos ya que desde el comercio de hace siglos con los fenicios, después, Gran Bretaña, Italia e incluso España ya estaban en cierta manera en una acción globalizadora. No obstante el término globalización sigue siendo una de las palabras de mayor uso entre la clase política, los medios de comunicación. La prensa y la academia la usan de manera indiscriminada y con diferentes sentidos. En este aluvión tenemos posturas encontradas, aquellos que opinan que si el proceso identifica la interdependencia de los Estados nación con una gran telaraña de circulación de bienes y servicios. Si consideramos el flujo de capitales internacionales, en realidad hay menos globalización hoy en inicios de un nuevo siglo.

El ejercicio de los nuevos esquemas en países como México, deberá dirigirse hacia esas nuevas vías que adopta la política externa de los países poderosos. Es decir estructurar un esquema productivo, de política externa en la medida de que seamos un país competitivo, primero dentro del mercado regional latinoamericano. Para ello es necesario un proyecto de nación, después una planeación sobre una política económica que tenga un rumbo, definido.

No obstante, si bien es cierto que la economía global domina al mundo, crea y destruye estructuras políticas y económicas de países como México. Es tal la presión del gran capital, que los gobernantes para adecuar la política externa e interna, tienen que reformar la Carta Magna, con la finalidad de que obtengan ganancias los privados, los cual siempre será a través de la presión. Esta tendencia imperialista está dirigida a los países que pugnan por una progresión económico modesta, pero dicha intervención la sostienen principalmente los oligarcas del capital financiero internacional, que buscan insaciablemente una ganancia con altísimos rendimientos, pero que sin embargo es inestable.

En dichas circunstancias, dentro de la política interna de nuestro país, con dichos diseños políticos económicos impuestos al gobierno mexicano, si bien dentro de toda esta intervención aceptada, se ofrecen oportunidades a los propietarios de capital nacional, estos en general no han demostrado ser competitivos en el mercado mundial. Este tema se verá en el siguiente apartado. Por ahora es necesario señalarlo por la razón de que se está proponiendo como tesis central el impulsar un gobierno generador de riqueza, estimulando a la clase empresarial nacional en su conjunto.

De hecho son estas fuertes tendencias a la polarización, entre los países que ya cuentan con una economía del conocimiento desarrollada, con países en vías de desarrollarla. Esta es la geopolítica actual internacional, en donde se

MARIO RAÚL MIJARES SÁNCHEZ

nos muestra todo un abanico inusitado de libertades; tecnología que existe hoy día, las cuales urge aprovechar lo más rápido posible.

Dentro de esta dinámica de reflexión, con la que medimos y tratamos de construir la realidad política que nos rodea, es pertinente también orientar la atención hacia los cambios que se suscitan en torno a la percepción del concepto de la riqueza como punta de lanza, en medio del grave problema de productividad que tenemos. Entendiendo la productividad en hacer y mover cosas; ya sea en el término de manufacturas, agricultura, minería, construcción y transporte.

El presente tema, no se sale del objetivo general que es la posible capacidad del gobierno para generar riqueza, debido a que la explosión de productividad está interrelacionada con los aumentos del nivel de vida y la calidad la misma población. Esto no hay que perderlo de vista.

Bien puede sostenerse que México siempre va en sentido contrario al desarrollo del mundo, pues al día de hoy, ya se empieza mencionar por un buen número de especialistas de las ciencias sociales, sobre la retirada de la iniciativa privada, y de las bondades de un retorno de la participación del Estado para que subsane los huecos de su repliegue misma que fue sembrada desde hace algunas décadas.

Sin embargo, dicho retorno no puede ser sino a través de una nueva preeminencia del Estado, pero esta vez en su versión. Según un lenguaje económico más cosmopolita, un Estado interdependiente en conjunto con los otros estados, además de los nuevos actores de la producción. Un Estado apegado a la voluntad solidaria de un poder unido cosmopolita. En el sentido kantiano,[92] capaz de recomponerse de manera política y reposicionar su presencia más allá de la premisa económica y financiera.

Tal como se ha visto, al final del siglo XX y el principio del siglo XXI, se han dado ciertas transformación es sin parangón respecto al ámbito internacional, pero en lo que a nuevos actores se refiere, no ha sido tanto por la profundidad o amplitud de los cambios, sino por la rapidez con la que se han dado. Pero lo que

---

[92] Kant alude que "renunciar a una brutal libertad y buscar paz y seguridad dentro de una constitución legal" es la manera en la que los estados, como consecuencia de organización humana, arriban al estado cumbre de su condición –al estado cosmopolita– expresado en una *voluntad solidaria* con un poder unido. Kant, Immanuel, *Filosofía de la Historia*, La Plata, Terramar, 2004, p. 25. Otro autor que habla sobre el tema es Beck, Ulrich, *La Europa Cosmopolita. Sociedad y política en la segunda modernidad*. Barcelona, Paidós, 2006, p. 42.

llama la atención, en el retorno, es la participación del Estado en la economía de los países como Estados Unidos, a través del rescate financiero e incluso de la producción de automotores. Tal como fue el caso de la General Motors, quien podría haberlo pensado. Parece importante resaltar el hecho de que, ante el panorama dilucidado respecto al Estado, ahora las relaciones precisamente entre estados parecen no sólo no tener la misma dinámica clásica, por el contrario, tienden hacia una mayor cooperación a partir de nociones de riesgo comunes. Ciertamente con acotaciones según los muchos casos alrededor del planeta, pero con una línea general marcada en ese sentido.

Dentro del reciente modelo para tener un gobierno empresarial, habría que tener en consideración, todos estos elementos de los párrafos arriba escritos, en los cuales he proporcionando la perspectiva económica. A finales de la conflagración de la Segunda Guerra mundial, Miguel Alemán Valdés se vio con la oportunidad de establecer un proyecto industrializador para el país, fue la coyuntura pero también la penuria para hacerlo desde el mismo Estado, debido precisamente a la carencia de capital privado nacional. Es decir, estamos partiendo de una premisa totalmente diferente a los países desarrollados, pues mientras en estos la revolución de la producción ya terminó en base a las innovaciones, México apenas trata de continuar ese esquema.

En el panorama actual de los negocios, en este país, está plagado de compañías tradicionales cuyos máximos directivos luchan contra el modelo obsoleto de sus industrias con inercia, despidos y juicios, o cualquier cosa que les permita sacar unos centavos y demorar lo inevitable. ¿Cuántas de esas empresas serán dominantes en el año 2025? Todo eso y mucho más, a partir de una sola palabra: innovación.[93]

En el antecedente histórico para tratar de entender el presente y el futuro, dentro del mosaico geográfico del país en inicio de su desarrollo, fue en la época del gobierno alemanista, el cual acudió a la contratación de créditos en el extranjero, con el objetivo de otorgar financiamiento a los distintos rubros de la economía y sobre todo para la creación de infraestructura: carreteras, electricidad y complejos hidrológicos entre otros. Un país carente de recursos económicos como México, se dio principalmente por la falta de inversión privada. Ante ello el gobierno una vez más maniobró el desarrollo a través de sus empresas públicas, e incluso, parece inverosímil, pero el Banco Obrero de Fomento Industrial, ahora con las siglas Banco Nacional de Fomento Cooperativo, impulsó a los empresarios privados mexicanos. Sin embargo,

---

[93]   Gestión de negocios (2011), agosto 15.

dicha industrialización no fue más que una utopía que finalmente, lo único que logró fue relegar al agro mexicano.

En la historia del país siempre ha sido la deuda externa la válvula de alivio para lograr salir adelante, además de que continuamente ha existido desigualdad en el pago de impuestos; esa es otra de las constantes, la carga fiscal siempre ha recaído en las clases inferiores, sobre todo las pequeñas propiedades pertenecientes al pueblo, las cuales siempre han sido grabadas con rigor. En el mes de julio de 2010, Calderón anunció en la residencia de Los Pinos y acompañado de los dirigentes de las cúpulas empresariales, que su gobierno no quería ser un obstáculo para el crecimiento de las empresas, y por ello aprobó modificaciones en las obligaciones fiscales y de sus estados financieros.[94]

Según Ernesto Cordero, secretario de Hacienda en julio de 2010, había que disminuir la deuda pública del país, para así buscar el crecimiento de México. De esa manera el gobierno de Calderón realizó una emisión de deuda en el mercado europeo por un total de 850 millones de dólares, con vencimiento en el año 2017. El secretario Cordero señalo: "En la medida que en las condiciones económicas y financieras lo permitan, se continuarán llevando a cabo las operaciones necesarias para asegurar que las condiciones del costo de deuda pública sean favorables en el mediano y largo plazo".[95]

Sin embargo, el Fondo Monetario Internacional FMI, anunció ese mismo día, que México no podrá ampliar esta mejoría hasta el 2011, pues para en este periodo se ajustó su baja en el Producto Interno Bruto (PIB), a una tasa de 4.4 por ciento, menor al 4.5 % estimado en abril de ese año.[96] De la misma manera, en el primer semestre del año de 2010 hubo una caída del 4 por ciento de la remesas enviadas por los emigrantes mexicanos, según informo el Banco de México.[97] Lo grave es que el envío de dinero de los mexicanos que radican en otros países, es la segunda fuente de divisas más importante, sólo después de los ingresos del petróleo e incluso por arriba de los recursos que obtiene el México en materia de inversión extranjera y turística.

La disminución de la inversión extranjera (IED) es del 13.3 %,[98] en lo que va del año 2011. Según datos del articulista Antonio Hernández, en el primer

---

[94] Milenio El Portal, jueves 10 de junio de 2010, p.28.

[95] Milenio El Portal, viernes 9 de julio de 2010, p. 28.

[96] *Idem*, p.29.

[97] Milenio El Portal, jueves 29 de julio de 2010, p. 30.

[98] Milenio El Portal, jueves 25 de agosto de 2011, p. 28.

semestre México captó únicamente 10 mil 601 millones de dólares en IED. Dicho capital lo invirtieron en un alto porcentaje empresarios de los Estados Unidos. El sector manufacturero en la rama automotriz ha sido la más beneficiada. Ahora bien, ante esta disminución en la inversión, me veo en la necesidad de señalar que existe en este momento una desconfianza no solamente por fin de sexenio de Calderón, sino por su mediocre actuación al frente del Estado Mexicano, pues el potencial que tiene el país merece más atención por parte de los inversionistas de capital externo.

Únicamente espero que la instauración de un gobierno generador de riqueza en México, no sea una utopía más, sencillamente el desempleo ya es fulminante. Este tipo de situaciones son las que no les interesan a los gobernantes en sus tres niveles. Una buena parte de trabajadores instruidos y de servicios, como ingenieros, cirujanos, dibujantes, administradores, abogados están trabajando en comercios o restaurantes de comida rápida o tecleando la computadora en algún despacho privado.

El desempleo a nivel nacional se ha venido agravando también en lo que va del mes de agosto del presente año. Son 2 millones 749 mil 236 personas, datos que reporto el Instituto Nacional de Estadística y Geografía (INEGI).[99] En julio, la tasa de desempleo en los hombres registró una disminución, al pasar de 5.66% en julio de 2010 a 5.50% en el mismo mes de 2011; y la de las mujeres se incrementó de 5.78% a 5.83% en el mismo lapso. En tanto, de acuerdo con datos la tasa de desocupación de julio a nivel nacional fue de 5.27% respecto a la PEA, inferior en 0.50 puntos porcentuales a la de junio. Las entidades con más desocupación durante julio fueron Tamaulipas con 8.81%, Aguascalientes con 7.23 y el Estado de México con 7.20%. Mientras que los estados con menor desocupación fueron: Michoacán con 2.48%, Chiapas con 2.65% y Yucatán con 2.69%.

Es la dinámica poblacional, la desaceleración productiva y la no creación de empleos, son factores limitantes para una reducción en la tasa de desempleo. El departamento de Análisis económico de Banorte-Ixe también informó que el desempeño del mercado laboral en México durante el segundo semestre del año se verá limitado por la perspectiva de la desaceleración en Estados Unidos, lo cual reducirá la creación de empleos principalmente en el sector

---

[99] http://www.eluniversal.com.mx/notas/788515.html. En el mes que se reporta, un 26.5% de los desocupados no completó los estudios de secundaria, en tanto que los de mayor nivel de instrucción representaron al 73.5%. Las cifras para la situación de subocupación son de 44.2% y de 55.8%, respectivamente.

manufacturero.[100] Una vez más es conveniente hacer la aclaración de que la inversión extranjera de cartera, es considerada como especulativa, pues tiene poco impacto dentro de la actividad productiva en la economía de México. Considero que dadas las condiciones de debilidad de la autoridad máxima en el país, los inversionistas se encuentran desde hace dos años en total recelo como destino relativo para sus capitales.

Para la investigación que tiene usted en sus manos, encontré que hace treinta años aproximadamente, algunos teóricos estaban seguros que la computadora o los ordenadores serían la causa de desempleo masivo de trabajadores de oficina. Pocas personas lo leyeron o bien no les creyeron, pero la inversión en tecnología de procesamiento de informática ya rivaliza con la inversión tecnológica de elaboración de materiales, en maquinaria convencional.

Por otro lado desde que se introdujo la tecnología de la informática, los empleados de oficina han aumentado a una tasa mucho más rápida que en época alguna. El trabajo de servicios se ha venido abajo de forma paulatina.

En este ensayo se viene proponiendo el avance de la economía del conocimiento, como clave de la explotación de la productividad. Sin embargo los mexicanos continúan apostándole a la inversión de capital y otros a la tecnología. En los países desarrollados, sus especialistas consultores señalan que las economías de estos corren un grave riesgo en el caso de que estos no inviertan en conocimiento y servicios; esa es una prioridad que se encuentran atendiendo. De ahí en México tendrá la obligación por lo menos de intentar planearlo y no perderlo de vista aún en los cambios sexenales y de partidos políticos.

Desde esta posición podemos retomar la tesis que Osborne y Gaebler(1992)[101] al señalar que el gobierno, dentro de su rol, está en el ocaso de su muerte como promotor de bienestar. Esta difícil la realidad se vuelve concreta y como problema en el ámbito de la ciudadanía. Una sociedad que ha tenido que ajustarse a los cambios sociales y a su relación con el gobierno se ha venido quedando agotada debido a que estos han aplicado las políticas "neoliberales", quedando de esa manera relegados de varias decisiones y su papel ha sido limitado en cuestiones de bienestar. Han sido los privados quienes a través de fundaciones ha tenido que redefinir su relación con referencia a las políticas gubernamentales, pero todas ellas con una visión oligarca, ya que si bien ayudan, lo hacen con el interés de evadir cuestiones fiscales.

---

[100]   Milenio, El Portal, viernes 26 de agosto 2011, p. 28.

[101]   Osborne/Gabler.(1992)

Una vez más regreso al primer capítulo, para recordar que desde la teoría política, todo este grave problema el cual está viviendo México, es ni más ni menos que el vacío de poder, la carencia de una autoridad, cuya realidad no es privativo de este país, pues la imposición del gran capital hacia este tipo de naciones es ese. La idea del imperialismo oligárquico posmoderno es que llegue un gobierno dirigido por un hombre que sea materialmente un pelele, no importa que sea militar. De ahí que los ideólogos de estos países desarrollados sugieran a través de Washington, que no importa su forma de gobierno o desgobierno del país, sino que ellos miden el grado de participación del gobierno.

Según Samuel P. Huntington (2001)[102] uno de los ideólogos del vecino país, señala que:

> La política norteamericana hacia los países latinoamericanos tradujo esta experiencia en la creencia de que la estabilidad política sería el resultado natural e inevitable del logo de un firme desarrollo económico, en primer término, y después de una amplia reforma social.

La recomendación final de este autor coincide con lo que ya se había planteado, y es precisamente, esa funesta verdad, que no puede ser ignorada por hombres de Estado e investigadores Y es que los pueblos como México, que están perdiendo su identidad, tendrán que reinventan la etnicidad; los enemigos son esenciales y las enemistades potencialmente más peligrosas se darán a lo largo de las líneas de fractura existentes entre las principales civilizaciones del mundo.

Estoy por concluir el aspecto político del trabajo. Se dice que para que sea un buen trabajo de investigación, se deberá cerrar con el tema que se abrió. Así que si queremos que arribe el gran capital no especulativo de los oligarcas del norte de país, se debe aprovechar la cercanía, la cual los hombres de negocios

---

[102] Huntington (2001) p.17. Samuel Phillips Huntington nació en 1927, falleció en 2008. Profesor del Eaton College y Director del Instituto John M. Olin de Estudios Estratégicos de la Universidad de Harvad. De las fuentes de este tipo de autores, se vienen preparando los nuevos estudiantes de las áreas sociales, tanto en las universidades privadas como públicas, de ahí la visión tergiversada de categorías como "democracia" entre otras. El grave problema es que los gobiernos mexicanos abandonaron a asesores de experiencia contrarios a los nuevos ideólogos de este país.

MARIO RAÚL MIJARES SÁNCHEZ

estadounidenses ya habían tomado en cuenta. Sin embargo, las políticas fallidas de los gobernantes fueron las que los ahuyentaron desde aquella que restringía la participación a la inversión extranjera en el país, que debía ser únicamente menos del 40% en todas las ramas de la producción.

Debemos recordar que la propiedad del subsuelo y el espacio celeste del territorio mexicano, son propiedad de la Nación, debido a esto, menos arribaron las inversiones productivas; pero insisto, sí las especulativas. Hace treinta años aproximadamente, había una oportunidad económica a través de las maquiladoras, así como la construcción de parques industriales. Con todo, una vez más han fracasado. Todavía hace seis años en Veracruz, solamente había un solo parque industrial: el Bruno Pagliali, lo cual es vergonzoso para los gobiernos veracruzanos.

No obstante, la inversión de maquiladoras fue todo un éxito en la creación de empleos. Según datos, cerca de medio millón de trabajadores se encontraban trabajando en esa rama de la producción. El mejor cliente de estas empresas eran los mismos Estados Unidos. A pesar de todo, los gobiernos no aprovecharon tales inversiones, los inversionistas fueron tratados mal, e incluso los intelectuales mexicanos escribían constantemente sobre; "la explotación yanqui".

Así fue como se perdió toda posibilidad de que los propietarios de esas maquiladoras continuaran en México, pues estos a través de un convenio, se habían comprometido a ofrecerle a México; las ventajas de la inversión, tecnología extranjera, acceso a los mercados externos y precios competitivos en el interior, y a la vez proteger la cultura mexicana de los valores y las maneras extranjerizantes. Quizás la ignorancia, el miedo a ser absorbidos o el recelo al yanqui por parte de los gobiernos mexicanos, pero no los tomaron en cuenta muy a pesar de que se empezaba a crear una infraestructura importante en gran parte de la frontera. Así, que resolvieron dadas la condiciones marcharse a China, en donde ha sido todo un éxito para el gobierno como para los dueños del capital.

4.1.1. Jalapa: ciudad del conocimiento

Jalapa, la ciudad capital de Veracruz, es una de las localidades más indigentes, con un proyecto definido puede llegar a ser una "Ciudad del Conocimiento", ya que asume los fundamentos para ello. Hay aproximadamente 30 universidades, cientos de jóvenes a los cuales se podría aprovechar incentivándolos, pero sobre todo guiándolos acerca de un proyecto preestablecido y viable. Habrá que sacar de la miseria a esta ciudad, en que la han dejado los gobiernos, que únicamente les ha interesado la riqueza propia. Una ciudad que no tiene inversión productiva como son industria manufacturera entre otras más, bien podría ser una rama importante de la economía. Urge desarrollar una ciudad con las características que necesita el producir conocimiento

Recientemente la Universidad Nacional Autónoma de México cuenta con proyecto internacional titulado "Conservación, desarrollo, aprovechamiento social y protección de los conocimientos y recursos tradicionales en México". Tomando en consideración que es un país con riqueza y diversidad cultural que debe aprovecharse. Sin duda el conocimiento tradicional es parte de la riqueza que no ha sido explorada todavía, sobre todo en Veracruz.

León Olivé, investigador del Instituto de Investigaciones Filosóficas (IIF) señaló recientemente que si en México se quiere avanzar en tener una sociedad del conocimiento es fundamental desplegar, lo que podría llamarse, una cultura tecnológica y científica, que impulse el desarrollo económico y social. Pero no sólo eso, se deben utilizar otros conocimientos que no son científicos o tecnológicos, sino tradicionales. El también responsable técnico del proyecto internacional "Conservación, desarrollo, aprovechamiento social y protección de los conocimientos y recursos tradicionales en México", expuso que en un país con riqueza y diversidad cultural, como el nuestro, se debe aprovechar el saber de los pueblos indígenas y otros grupos culturales (como comunidades rurales o campesinas), relacionado con la agricultura, el medio ambiente, la explotación forestal o pesquera.

El filósofo explicó que es posible integrar ambos tipos de saberes, los tradicionales y los científicos. "Si se trata de impulsar sistemas de innovación, suele pensarse sólo en tecnología basada en ciencia, y poco caso se hace a otras invenciones". Olivé señaló que el origen del proyecto se encuentra en el macroproyecto universitario Sociedad del Conocimiento y Diversidad Cultural, que se desarrolló por tres años en esta casa de estudios y que llevó a la creación de un seminario con el mismo nombre.[103]

En diversas entidades de la República se han impulsado proyectos relacionados con la conservación del anfibio *Ambystoma dumerilii,*

---

[103] La UNAM, recibió el apoyo del consorcio de la asociación civil mexicana Grupo Interdisciplinario de Tecnología Rural Apropiada, La Universidad Autónoma de Madrid y la asociación civil francesa Groupe D'etudes et de Services Pour L'économie Des Ressources (GEYSER), con experiencia en cuestiones de mediación ambiental.

MARIO RAÚL MIJARES SÁNCHEZ

tradicionalmente conocido como Achójki, en el lago de Pátzcuaro; también se ha fomentado el museo del maguey en el Valle del Mezquital, o artesanías de palma en la montaña de Guerrero.

En el trabajo comunitario se contactó con una comunidad religiosa, monjas que crían al animal para hacer jarabe debido a su valor medicinal. Este señaló que: "Les ayudamos en el mejoramiento de su acuario y ellas nos dieron las crías para laborar con diferentes comunidades, donde se conformaron unidades de manejo ambiental". Olivé sostuvo que el conocimiento tradicional es legítimo, tanto como el científico. No obstante, esta afirmación requiere un fundamento filosófico. Por ello, el proyecto también incluyó enfoques temáticos, en este caso el epistemológico, junto con otros como el ético-político, etno-ecológico, jurídico-económico y socio-antropológico.

Por último, al referirse a la forma de seguir los trabajos del proyecto, destacó el compromiso de las entidades universitarias, la continuación dentro del Seminario sobre Sociedad del Conocimiento y Diversidad Cultural y la búsqueda de nuevas convocatorias y fuentes de financiamiento, con base en las sólidas redes de innovación establecidas.

Pretendo concluir el trabajo utilizando la herramienta fundamental de la Teoría Política, cuyo objeto de estudio es la ciencia de la Autoridad, como un fenómeno humano por excelencia. En México, la única manera de salir de este conflicto político, económico y social es que se termine esta patología de la autoridad máxima, frente a la mayoría de los problemas, lo cual pone en peligro el correcto funcionamiento de régimen presidencial, contra la terrible propuesta de parte de algunos inconscientes políticos, de querer arribar a un régimen parlamentario. Puedo asegurar que: la patología de la presente autoridad máxima del país, favorece el autismo y el aislacionismo de quienes la padecemos, pues los mexicanos, sobre todo los jóvenes, ya no merecemos este tipo de gobiernos.[104]

Como conclusión de este apartado sobre la riqueza, tanto personal como gregaria, seguirá viniendo de los principales actores que son las naciones, no únicamente las naciones ricas, sino quizás serán las potencias emergentes como la India, China y Brasil, las cuales exigirán a las potencias actuales ser tratadas como iguales entre iguales, al mismo tiempo de ser desiguales ante

---

[104] Autismo: mantener absolutamente estable su entorno. En psiquiatría, síntoma esquizofrénico que consiste en referir a la propia persona todo cuanto acontece a su alrededor. Aislacionismo; política de apartamiento o no intervención en asuntos internacionales.

sus desiguales, que son los países que no han querido crear riqueza. Este es mi dictamen dentro de este juego invisible de juegos peligrosos, en donde tanto el gran capital como los gobiernos multinacionales, siguen tratando de darse jaque en el tablero del ajedrez de este planeta.

Por lo pronto, estimado lector los años se vienen encima dentro de este siglo XXI. Lo importante de este ensayo es hacer un señalamiento para crear dinámicas de riqueza, visibles e invisibles, mismo que definirá el futuro de este país. La oportunidad está en nuestras manos. Serán los empresarios creativos de negocios, en todas las ramas de la producción, pero sobre todo en educación principalmente. La economía del mañana está en los campos de la hiperagricultura, la neuroestimulación, gestión de proyectos así como inauditas fuentes de energía, sistemas de pagos clasificados, ordenadores portátiles sensores en fin todo ello dentro de lo que se conoce como la economía del conocimiento.

En conclusión respecto a la creación de riqueza, será el gobierno gerencial quien impulse las empresas públicas a la dinámica del mercado. Por tanto, deberá estimular la creación de empresas privadas, a fin de aprovechar al máximo los miles de pesos de los contribuyentes vía presupuesto federal.

Resulta paradójico e interesante entender el nuevo papel del futuro de los gobiernos. Debido a la naturaleza de la economía básica, en medio de la competencia cada vez más visible y más trascendental, el papel del gobierno es fomentar sus propias industrias y sobre todo ayudarla directamente para ser competitiva no solamente interna sino con otros países. Esto ya lo viene haciendo el gobierno de Estados Unidos desde hace algunos años con su organización de la: NATO siglas en inglés de OTAN; Organización del Tratado Atlántico Norte. Organización política y militar creada para las negociaciones en la venta de equipo norteamericano. En los últimos sexenios a México le han vendido sobre este esquema cientos de millones de dólares en armamento, helicópteros, aviones entre otros, para continuar la guerra interna.

Este ejemplo sirve para darnos cuenta de que la industria o empresa y los nuevos Estados son esencialmente parte de un mismo organismo que permite abarcar un gran mercado. Dentro de la misma paradoja es que mientras los países desarrollados vienen de regreso, nosotros apenas iniciamos el viaje de ida, pues esa enorme divergencia entre lo público con lo privado en México, se continúa realizando dentro de una charamusca que no se sabe donde empieza ni donde acaba.

El estudio que tienen en sus manos sobre los gobiernos generadores de riqueza, tiene un punto de vista teórico. No obstante, la pretensión a estas alturas de la investigación, es tratar de abrir un pequeño canal que pueda unir el creciente río inmenso de conocimientos. En caso de que el agua del este canal arribe a la caudalosa corriente, entonces dicha investigación habrá cumplido con lo que se esperaba de ella.

Finalmente la riqueza es un deseo, es algo que satisface dicho anhelo. Deng Xiaoping, al parecer dijo en 1970: "Enriquecerse es magnífico", (1997)[105] con tal declaración, desencadenó, el deseo contenido de una quinta parte de la población mundial, de esa manera continua luchando para tratar de eliminar su pobreza inmemorial.

En México hay una serie de iniciativas y programas gubernamentales que le están apostando a las tecnologías de información, entre ellas podemos mencionar el Programa para el Desarrollo del Sector de Tecnologías de la Información (Prosoft); el Programa para el Desarrollo del Sector de Medios Interactivos (Promedia) y el Programa de Competitividad en Logística y Centrales de Abasto (Prologyca) que están enmarcadas bajo un modelo de competitividad que incluye políticas públicas coordinadas, capital financiero, capital humano innovación. Todo lo anterior ha dado como origen la posibilidad de entrar a este tipo de economía.

El mundo se modifica constantemente imponiendo retos y oportunidades, la región veracruzana no está exenta de esos cambios, de ahí que el gobierno deba escuchar las varias alternativas sobre el desarrollo futuro de la entidad. La idea es que el lector tenga de frente a un gobierno hacia el futuro, espero que por lo menos hubiera podido inquietar para tener una prospectiva mediata. Siempre la construcción de nuevos paradigmas es siempre y cuando concilien un desarrollo integral; lo necesario político, lo humano, lo económico y el equilibrio ambiental.

El futuro estable está basado en una educación de vanguardia, mejores servicios en salud pública, vivienda digna y garantías de derechos humanos. Todo ello, tendrá que estar sobre un basamento de; desarrollo económico sustentado en áreas del futuro, para brindar empleos en cantidad pero también de calidad. Así también contar con una infraestructura posmoderna y sobre todo finanzas transparentes.

En un gobierno del futuro, ya se debió erradicar la improvisación y la simulación en todos los rubros de la cosa pública y privada. Esto será suficiente para acabar con la pobreza extrema dentro de un adecuado ordenamiento.

---

[105] Tim Healy/David Hsieh, *Asia Week*, http://new.bbc.co.uk/1/hi/special-report 1999/09china.

Estoy seguro que imponiéndose un ritmo de trabajo arduo, dentro de la idea de generar riqueza, dejaríamos atrás ese escenario poco favorable del Producto Interno Bruto (PIB) que se tiene hoy día a pesar de ser una entidad con innumerables recursos en biodiversidad. De esto dan cuenta 700 kilómetros de litoral; playas; llanuras; zonas frías; productos agropecuarios; petróleo y atractivos turísticos. Las cifras son escalofriantes pues lo ubican por debajo del promedio nacional, es por ello que la propuesta es generar riqueza, detonándola con proyectos viables. No hay que olvidar que la población tiende a crecer; se considera que en veinte años Veracruz tendrá 7.7 millones de habitantes.

Esos son los retos, las herramientas teóricas se han puesto enfrente. Solamente falta que el Gobierno del Estado tenga la voluntad de implantarlos. Lo que debe entenderse es que toda dinámica de innovación en la transformación, debe estar vinculada con un sentido de anticipación. Además de la flexibilidad de los esquemas tradicionales de la administración pública. Esa es la responsabilidad histórica de los que vivimos en esta entidad, por mi parte este trabajo es mi contribución revolucionaria.

4.2. LAS ONGS DEL FUTURO Y EL TRABAJO VOLUNTARIO.

> Del problema de leer documentos extensos sin propuestas o recomendaciones, son como los sermones religiosos, que le dicen al parroquiano que cambie de vida, pero no le dicen cómo cambiar.

A inicios del siglo pasado, en Estados Unidos se fundaron las primeras organizaciones sin ánimo de lucro. Hoy día, en ese mismo país, dichas organizaciones se han convertido en el mayor empleador, pues uno de cada dos adultos, o sea alrededor de 80 millones aproximadamente de personas, trabajan como voluntarios, y en promedio, le dedican cinco horas semanales a una o varias organizaciones sin ánimo de lucro.[106] Lo cual representa diez millones de empleos de jornada completa.

En la actualidad existen millones de este tipo de organizaciones no lucrativas en el mundo, pero tal como reza una de las máximas del sabio Aristóteles, "todo va de lo mejor a lo peor", pareciera que se está haciendo mal uso de las ONGs. Por desgracia, tal menoscabo de estas, no se lo viene dando en países como México, sino también son utilizadas para combatir empresas o países no solamente ricos, sino pobres como el caso mexicano, en que debido a una organización como Greenpeace[107], se encuentra vetado el salmón mexicano, lo que representa una pérdida muy grande en la economía del país. Asimismo, combaten compañías como Monsanto, la petrolera Shell y MacDonald.

Por otro lado se manifiestan por la paz, al mismo tiempo que hacen campañas para salvar los bosques y ballenas. La enorme proliferación de la ONGs, es muy similar a la información que se tiene actualmente sobre estas, pareciera que no tenemos otro tema ocurrente. Sin embargo, en muchos de los autores manejan un sinnúmero de desinformación al respecto, algunos con un terrible desconocimiento teórico-práctico, que la recomendación a los lectores sería que tengan ciertas reservas con los datos que manejan.

El caso es que dichas organizaciones, principalmente las del primer mundo, se encuentran equipadas con ordenadores; acceso a las distintas redes; al internet; teléfonos móviles; hombres y mujeres científicos así como de otras profesiones. Se esta manera es como las organizaciones no gubernamentales formaron una fuerza trasnacional misma que tendrá que ser reconocida por la potencias nacionales para trabajar juntos por el bien de la humanidad.

Así, debido al acercamiento que con los medios de información modernos, se posicionan en espacios vacíos que son abandonados por el Estado. El dinamismo y la capacidad de adaptación de estas organizaciones a los problemas reales, sean locales o internacionales, les permiten abordarlas eficazmente con

---

[106] Drucker(1995)p. 197. El trabajo voluntario de los hombres que trabajan en las ONGs, representa en salarios mínimos 150 millones de dólares. Los trabajos son: recolectar fondos en los barrios, cuidar a las Girl Scout más pequeñas que venden galletas de puerta en puerta. Así como el Ejército de Salvación, que fue una de las primeras, entre otras.

[107] Greenpeace Internacional dio a conocer hoy los resultados de su más reciente investigación sobre la contaminación del agua, la cual revela la presencia de una peligrosa sustancia química, nonilfenol, un disruptor hormonal en artículos de ropa de 14 marcas internacionales, incluyendo Adidas, H & M y Lacoste.

herramientas que los gobiernos nacionales no poseen, o bien presionando para que estos actúen en las áreas que les corresponde. En este sentido su capacidad de influir políticamente es considerada por los sociólogos funcionalistas como un tipo de "poder blando" en contraposición al "poder duro" que a través del monopolio del uso de la fuerza ostentan los estados.[108]

Quizá, donde se han logrado más avances en materia de priorizar ese poder blando, minimizando o intentando contener el poder duro, se ha dado dentro del marco de las Naciones Unidas, en cuyo espacio esta organización ha logrado un gran avance en el intento por acercar a los gobiernos, e incluso con dificultad a nuevos actores, para la cooperación en un espacio que supera sus fronteras individuales. De esa forma se enfrentan organizada y frontalmente los problemas que atañen a todos, y que por sus características evaden el control nacional. Sin embargo, la mayoría de los avances también se muestran en el ámbito económico y financiero a través de estructuras como el FMI, la OMC, el Banco Mundial, entre otros.[109] Desafortunadamente la jerarquía elitista que existe en órganos como el Consejo de Seguridad impiden una actuación más general que satisfaga la resolución de las problemáticas principales de las minorías poco favorecidas.

Se presentan así varios planos de acción y decisión política multinivel, en los cuales interactúan diferentes intereses de estados y nuevos actores con mayor preponderancia que otros. Nuevas desigualdades aparecen, ya que la falta de organización y democratización son un elemento que desde el nivel de circunscripción más pequeño hasta el más amplio, se siguen reproduciendo. Por tanto, mientras el poder duro siga siendo preponderante ante el poder blando y mientras existan estructuras jerarquizadas en las que los más poderosos dominen, un cambio importante se antoja imposible, mucho menos en la dirección de la cooperación para una participación más cosmopolita.

Esta cooperación, por lo tanto, sólo se hace más efectiva en la medida en la que se integra en el debate a organismos no gubernamentales, desde las ONGs, hasta los más variados movimientos organizados de la sociedad civil a nivel local, nacional, regional y cada vez más, global. Y ya que estos movimientos son

---

[108]   *Cfr. Ibídem* pp. 83-84.

[109]   La mayoría de los organismos que trabajan con o dentro de Naciones Unidas se enfocan en el ámbito económico y financiero. La apertura de mercados y los tratados en materia de comercio así como la reestructuración o ajustes económicos son su prioridad.

el más claro contrapeso a los intereses específicos de los actores más poderosos, si no es que los únicos. Es importante el fomento de su participación.[110]

Como ha sucedido con la conformación de la ONU, otra forma de contrarrestar los flujos trasnacionales que sobrepasan las capacidades nacionales es a través de la coalición de los gobiernos que forman parte del sistema internacional, ya sea a través de Organizaciones Intergubernamentales a nivel regional o global, o los proyectos de integración (hasta ahora sólo en el ámbito regional) y que han arrojado múltiples resultados, unos mucho más positivos que otros y fuera del marco de la ONU; pero éstos serán tratados más adelante.

En el caso mexicano y sobre todo en el local, es hasta fastidioso tocar el tema de las ONGs, por varias razones ya implícitas dentro del ensayo, las cuales van desde: la simulación, corrupción y manipulación, tanto de los empresarios mexicanos como de los dirigentes de los partidos políticos. Es por ello que la propuesta concluyente para este tema es que el gobierno tenga los operadores políticos capaces y sobre todo profesionales, para lograr una concertación con estas organizaciones para trabajar conjuntamente, esto, con la finalidad de impulsar el proyecto de la creación y generación de riqueza.

No obstante, es urgente aclarar, que la propuesta es la de "concertar" no "negociar", pues existe una diferencia totalmente diametral. Las negociaciones en este país, en todos los niveles, nos han llevado al camino bifurcado en el cual estamos estancados.

A continuación hablaré de las posibles actividades a desarrollar por parte de las organizaciones no gubernamentales del futuro, para enseguida, comentar cómo es que el gobierno local pudiera trabajar conjuntamente, sin detrimento de su estructura ni funcionamiento de las dos organizaciones políticas.

Ahora bien, los investigadores del Club de Roma, vislumbran que las nuevas organizaciones que ya se encuentran en embrión en toda la faz de la tierra, haciéndose notar dentro de los movimientos, feministas, organizaciones en pro de los derechos de los seres humanos diferentes; es decir de los homosexuales y lesbianas, así como una extensa derivación de este tipo de desviaciones contranaturales.

---

[110] Representando a un variado abanico de movimientos sociales y de organizaciones no gubernamentales (ONG), desde anarquistas hasta socialdemócratas, el movimiento anticapitalista se ha convertido en una poderosa reacción contra la globalización dirigida por las corporaciones y promovida por Estados.

Según referencias de Alvin y Heidi Toffler, solamente en China la proporción media entre hombres y mujeres es altísima. Nacen más bebés varones que bebés mujeres, los datos son de 120:100. Esto que parece jocoso para muchos, será trascendental en el juego político de las naciones de todo el mundo, sean naciones ricas o pobres. Este tipo de movilizaciones humanas será el toque de queda para muchas administraciones.

Tal vez ahora sean argumentos meramente morales para muchos que ahora se encuentran leyendo estas líneas, para otros les podrá causar sorpresa o bien risa desagradable. Pero en la actualidad ya algunos investigadores se encuentran solicitando recursos a sus universidades o fundaciones para abrir líneas de investigación de "nanoenfermedades" o "nanocontaminación". Así que usted, tendrá la última palabra al respecto.

Lo que sucede siempre en países con sociedades cerradas como México, es que siempre entramos tarde a todo tipo de avances, sean científicos o culturales. Ya algunas ONGs se están preparando para luchar en contra de la clonación de órganos, pues se vislumbra que en poco tiempo con el desarrollo de la neorociencias serán clonados seres humanos.

Este será el futuro que ya desde ahora enciende dicusión, en ambas direcciones, la del ímpetu de la ciencia con sus innovaciones y descubrimientos, contra la actitud pasional de las organizaciones no solamente no gubernamentales, sino también religiosas.

En fin, todas estas posibles actividades, ya sean coordinadas o bien desincronizadas, finalmente se encontrarán dentro de la producción y la distribución de la riqueza, dentro de la economía local o mundial.

A punto de concluir no solamente este subtema, sino el trabajo en conjunto, la recomendación una vez más es que: no conviene ser pesimista. Los problemas nuevos son los mismos los problemas viejos cuando se trata de las pasiones del hombre. Mark Steyn examinó alguna vez: no sin cierta ironía, cuando se habló del homosexualismo galopante en China, hasta el grado de que esta podría ser una superpotencia gay, mismo que pasó en Esparta, donde los gays no solamente saldrían del armario sino tocarían el poder político y económico.

Tal es el panorama del futuro no solamente de este tipo de organizaciones no gubernamentales, sino también de la misma organización política con la que deberán contar los gobiernos en estos países pobres. Los cuales, serán tarde o temprano tan o igual de exigidos como lo son los gobiernos en donde las oligarquías son los patrones de los políticos. Por ejemplo, los EUA, Gran Bretaña, Japón entre otros, son ellos quienes pagan las campañas electorales y no la ciudadanía en general como sucede en este país.

MARIO RAÚL MIJARES SÁNCHEZ

En México la administración social usualmente no ha sido considerada. La mayoría de académicos únicamente instruyen al alumnado sobre; la administración pública y privada, olvidándose de la social. Puedo señalar que dentro de las limitadas diversidades que representan las organizaciones sin ánimo de lucro, éstas cuentan con una estructura de gobierno. La más posee una junta directiva integrada por la cantidad de personal que ella misma decide procurarse, sin remuneración, pues trabajan una jornada parcial. Un directivo de jornada completa sí mantiene un sueldo. Este directivo puede tener el nombramiento como presidente, director ejecutivo, vicepresidente o gerente general.

En algunas organizaciones los ejecutivos implantan las políticas. En muchas ocasiones, de forma individual, no tomando en consideración las funciones ni la opinión de sus integrantes. Asimismo, los integrantes de la junta en contadas ocasiones están enterados de las acciones o el manejo de los recursos, partiendo de la idea de que tal gobierno y administración estas son sin ánimo de lucro. Esto en México ha permitido ciertos manejos con intereses que nada tienen que ver con el espíritu de estas organizaciones. Sobre todo, porque el gobierno federal las está deformando a través de recursos que no son comprobables. Se ha convertido en un deporte de muchas personas el bajar recursos federales e incluso internacionales, sobre la base de proyectos anhelantes pero que quedan en simulación, no solamente teórica, sino práctica.

Las ONGs, para lograr resultados como de hecho un gran número de ellas los tiene, sobre todo en entidades religiosas, asociaciones gremiales, hospitales, agropecuarias, universidades, fundaciones y sociedades científicas, necesitan darse una misión clara y concreta aparte de su visión al futuro que les sirva de guía para la acción eficaz.

En cuanto a los recursos económicos, mientras en la privada estos son pertenencia de los propietarios, en estas administraciones sociales se debe partir de que el dinero no es suyo, ya que viene de donaciones o contribuyentes que los dan sobre una promesa moral.

Finalmente entre más fíe la institución en el trabajo voluntario de sus integrantes, tanto más profesional tendrá que ser su administración, en donde en los últimos años ya algunas están manejando miles de millones de pesos. Es necesario que estas organizaciones den ya normas de rendimiento de cuentas y sobre todo de resultados, mismas que tendrán que ser exigidas por los integrantes de la junta.

Es por ello que la junta de las organizaciones no gubernamentales sin ánimo de lucro, tendrán como tarea fijar las políticas. El dilema es que en muchas de las ocasiones los integrantes de la junta, no saben qué son las políticas y las más de las ocasiones sienten que están perdiendo tiempo. De ahí que existan desacuerdos que ellos ven como triviales cuando no es así. En toda organización humana debe de haber un responsable para llevar buen término a dicha estructura organizacional.

Me detengo a señalar que el Instituto de Pensiones del Estado (IPE) de Veracruz, debería de dar un giro de 180° pues estos recursos económicos no son privados ni públicos, son de los pensionados. Es decir, es un capital social, sin que nadie haga caso a esta realidad, en donde ni autoridades ni pensionados se atreven a poner orden. Dicha institución trabaja sobre la base de inversionistas pasivos, sin una visión futura de ser creadores de riqueza.

Los fondos de pensiones no pueden seguir administrándose como los propietarios del siglo XIX. El dilema es que cada vez que las empresas propiedad del IPE Veracruz, las administra, lo hace como si esta fuera una administración burocrática, con directores de formación política al cual tampoco le exigen resultados. Lo que necesita el IPE es una administración vigorosa y autónoma, con autoridad competitiva.

Los fondos de pensiones debe ser un impulsor de innovación. Los mismos pensionados deberían estar administrándolos, tal vez hasta con un trabajo voluntario o de menor costo. La mayoría de voluntarios, al estar dentro de este tipo de organizaciones se sienten aprovechados e incluso motivados, pues tanto en el gobierno como las empresas privadas, sobre todo nacionales, no han entrado todavía al modelo de Calidad Total, en donde por política se toma al trabajador como ser humano y no como objeto.

La administración pública, privada y la social las tres necesitan que se les delegue amplia autoridad en las tomas de decisión; sin embargo, la autoridad sin responsabilidad, siempre se ha vuelto laxa y otras veces tiránica y en muchas ocasiones ambas cosas. Esto lo sabemos desde hace mucho tiempo, y lo hemos visto en la administración pública mexicana dentro de la historia de este país, en donde el único responsable de la Administración Pública es el encargado del Poder Ejecutivo.

Finalmente Peter Drucker, a este tipo de organización le ha llamado "El tercer sector" que está formado por los servicios de la población o comunidad sin ánimo de lucro. Sin embargo, en otras naciones los gobiernos han aprovechado ese trabajo voluntario de niños, niñas, jóvenes y adultos para hacer labores importantes en las comunidades regionales. Este tipo de participación ciudadana es la que la prensa, la radio y algunos intelectuales le deberían de nombrar como "sociedad civil".

MARIO RAÚL MIJARES SÁNCHEZ

4.3. Educación Ciudadana

El desafío de los gobiernos posmodernos es lograr una revitalización de los espacios que abarca la ciudadanía, dentro de este esquema que nació desde el Estado moderno, como más sociedad y menos estado. Ahora bien, dentro de lo público, se presenta una serie de opciones que le permitirán al estado en acción, capitalizar los movimientos de la ciudadanía en general, la cual se encuentra dividida en clases sociales, como dijera Carlos Marx, en constante contradicción.

Antes de continuar, quiero dejar claro que todas mis reflexiones en esta obra están encaminadas a un objetivo que espero no sea utópico: llegar a gobiernos que nuestros hijos merezcan, que el país sea un lugar de convivencia, para todas las clases sociales, en donde se encuentran hombres de trabajo y mujeres dignas y libres.

Una vez aclarado el primer párrafo, continúo señalando que en esta última centuria en nuestro país, se ha dado un repunte a los privados, así como un despliegue de recursos hacia requerimientos de organizaciones colectivas, con lo cual se fortalece lo público. Sin embargo, por una carencia todavía de una clase empresarial nacionalista y pujante, el gobierno mexicano en sus tres niveles continúa con sus esquemas de autoridad unipersonal ante la ciudadanía.

También se habla del "Estado al servicio del ciudadano", un diseño basado en el impulso a mejorar las condiciones para facilitar la inversión de los privados, dentro de la formalización en todos los ámbitos y desarrollo de negocios. De hecho, el lector agudo podrá darse idea que estas propuestas son eminentemente ideológicas, por parte de la escuela de pensamiento angloamericana.

Puedo señalar que este tránsito hacía una sociedad posmoderna, lleva toda una serie de aplicaciones en donde la oligarquía se favorece sobre manera, pero puedo afirmar que, sí estos proyectos llevan a México a una posibilidad de arribar a una sociedad abierta, bienvenida sea, pues todo ello puede llevarnos a un oxígeno, ya que tendremos oportunidad de discutirlo sobre la base política y filosófica dentro de una moral ciudadana.

Como ya fue señalado en el tema de las organizaciones sin ánimo de lucro, hay en la población en su conjunto una fusión de grupos, organizaciones, estrategias y recursos que pueden ser utilizados para alcanzar esa sociedad productiva que necesitamos. Por el momento, es una falacia señalar que "la sociedad civil" "representa una fuerza importante capaz de cambiar al país." Nada más absurdo que esos ideólogos que esconden la realidad y manipulan a base de subjetividad.

Puedo asegurar que el camino hacia la sociedad abierta únicamente se recorre a través de los valores de la ética pública, de ahí su importancia en discutirla constantemente. Una organización política o de ciudadanos debe ser racional, en donde puedan cada vez más personas vivir de forma digna y respetada.

Una de las causas de la desconfianza hacia los gobiernos por parte de la ciudadanía es precisamente esa intervención constante de forma desordenada del gobierno en todos los ámbitos de la vida social. Es importante entrar a un proceso de civilización que necesita un esfuerzo importante en el ámbito de la educación. Un esfuerzo no sólo para dotar a los individuos de una profesión, de un empleo, sino de formar ciudadanos íntegros, criticas libres, tolerantes y abiertas, con la finalidad de llegar a un pluralismo que rija por la razón.

Una de las perversidades de nuestra sociedad cerrada es precisamente lo que viene sucediendo en el gobierno de Felipe Calderón está marcada trágicamente con esta guerra sin fin, donde la violencia la crea el propio gobierno. Dichas acciones bien pueden tener sus consecuencias en la frustración de toda una generación de jóvenes mexicanos. Esas son precisamente las posiciones rígidas y dogmáticas de gobiernos tribales ilegítimos.

Una vez más, una disculpa al lector que piense que este párrafo está de más, pero la ética de los intelectuales consiste en no traicionarse a sí mismos, es decir, no pasarse al enemigo. Es tener una voluntad irrenunciable aunque seas incomprendido y te cierren las puertas de sobrevivencia, como ha sido mi caso. Pero por la reconstrucción de este país, vale la pena darle a la vida y a las organizaciones un sentido diferente. Si todo esto sirve para impulsar la dignidad de un pueblo, la cual se extravió dentro de toda esta decadencia del país, si vale para incitar la libertad crítica, la autonomía de todos, para rechazar a gobernantes corruptos, falaces, así como para desterrar la manipulación de los medios televisivos, con sus mentiras de la vida pública, pues me arriesgo.

Al hablar de ciudadanía es porque debe estar vinculada a la nacionalidad: la defensa de pertenencia y de nuestra cultura, la cual tendrá la posibilidad de abrirse a la participación como integrantes de una sociedad política. En la actualidad, continúa el problema de nuestra sociedad, que no hemos superado la exclusión de muchos grupos multiculturales. Una de nuestras prácticas cotidianas, desde hace muchos años, es que los mexicanos nos desenvolvemos dentro de un esquema gremial absurdo. Esto únicamente se podrá superar cuando arribemos a una ciudadanía cosmopolita.

La educación ciudadana es una tarea indispensable porque la ciudadanía no solamente es el status, sino una forma de entender la convivencia y la organización social, en todos sus valores y principios, sus derechos y deberes

MARIO RAÚL MIJARES SÁNCHEZ

dentro de un procedimiento rígido. La disciplina civil es una forma de cohabitar, nunca de servilismo, como lo es de hecho la disciplina castrense.

Daniel Innerarity (2004)[111] manifiesta en su tesis que vivimos en una sociedad invisible, en una era visual, éste señala que:

> "En una sociedad que se ha ido generando en torno a la televisión está acostumbrada a no creer salvo lo que ve y a creerse todo lo que ve [...]"

En síntesis los ciudadanos en esta época somos invisibles ante los gobernantes. Sobre todo, ante las experiencias que se vienen utilizando en los últimos dos sexenios en el gobierno federal, en donde se ha desarrollado una práctica con ideas absolutas, dejando al mismo tiempo cierto libertinaje social, para que de manera habilidosa, se aprovechen los privados de un desenfreno económico sin parangón en la historia de nuestra vida posrevolucionaria.

Las ideologías totalitarias que vienen de los partidos de principios oligárquicos, acreditados como "de derecha", han mostrado hasta el extremo que sus acciones aparentemente religiosas e inocentes, terminan siendo terribles; como lo podemos ver en los casos de los alemanes, italianos y españoles en la época más negra de sus historias, como fue el Fascismo. En México lo hemos podido vivir cotidianamente en los dos últimos sexenios, con gobiernos administrados por candidatos del Partido Acción Nacional (PAN). En un adagio alemán, señala que; "lo contrario del bien no es el mal, sino las buenas intenciones, que sirven para legitimar demasiadas cosas".

El grave problema al que nos enfrentamos con este tipo de administraciones, en donde aparentemente una gran parte de la ciudadanía no se cuestiona, es porque en las oligarquías contemporáneas sin límites, con todo y su carrera consumista y el egoísmo de la acumulación de bienes a través de la ganancia, la hacen posible los ideólogos del gobierno y ciertos letrados comprados, a través de una palabra mágica, para ellos: "la democracia". Con todo ello se daña la libertad republicana que es el equilibrio entre el dar y recibir.

---

[111] Inneraty (2004) pp.51-52. Daniel Innerarity nació en Bilbao en 1959. Actualmente es catedrático de filosofía social y política en la Universidad de Zaragoza. Antiguo becario de la Fundación Alexander von Humboldt. Sus últimos libros son *Ética de la hospitalidad, La transformación de la política* (III Premio de Ensayo Miguel de Unamuno y *La sociedad invisible* (XXI Premio Espasa de Ensayo), *El nuevo espacio público y El futuro y sus enemigos*. Su único pecado es que se encuentra dentro de la escuela de pensamiento funcionalista.

Mientras haya extrema pobreza, riqueza excesiva con enormes desigualdades sociales, sería un sarcasmo el plantear un país con un gobierno generador de riquezas en donde exista la posibilidad de contar con una ciudadanía consciente. Tal vez sea un entusiasmo desbordado de mi parte, en donde en definitiva tiene sus límites propios, pues no será a través únicamente de una convivencia social, como muchos lo plantean e incluso lo publicitan, señalando que "la sociedad civil", es la que tiene la palabra. Sin embargo, sigue vigente Rousseau, cuando dice: que nadie puede ser tan pobre como para necesitar venderse ni tan rico como para poder comprar a otro.

No obstante, los sabios como Sócrates, Platón y Aristóteles hasta Locke y el mismo Rousseau, dijeron respecto a la educación que ésta se encuentra relacionada de manera importante con la política, pues la educación es un lugar obligado dentro de los estudios de la filosofía. El hombre político es aquel que siempre está en razón de la educación de su pueblo. En cuanto a la educación de la ciudadanía mexicana, habría que tener en cuenta que la educación es una condición sin la cual no tendríamos las condiciones para contar con un gobierno republicano.

La ética de una sociedad libre es la ética de la esencia republicana, en donde todas las clases sociales tienen cabida, respetando a los iguales entre iguales y desiguales entre iguales, dentro de un pluralismo de formas de pensamiento y de vida. Todo ello no es otra cosa que la tolerancia, que hoy día se habla mucho de ella, pero no se saben las causas para arribar a ésta. Tal pluralismo posmoderno es donde al parecer todo vale o el todo vale igual. De ahí la perversidad de la forma democrática en donde su esencia es la forma de gobierno del poder de todos, es decir del pueblo. En donde todos serán iguales, lo cual es materialmente imposible, sin embargo lo sostienen.

Los gobiernos oligarcas una vez terminado el ciclo de los militares revolucionarios, obligaron a la Secretaría de Educación a que borrara de sus programas de la escuela primaria, "La Educación Ciudadana", que se daba por medio de la enseñanza del civismo. Es la escuela la que tiene un papel inconmensurable, en parte porque ninguna otra institución podría tomar su lugar.

Uno de los problemas que tiene el liberalismo salvaje es que abandonó sus antecedentes republicanos. Por otro lado el Marxismo, que pretendía que a través del colectivismo podría desaparecer el individualismo. No es ideológico señalar que en caso de lograr el triunfo de la aspiración obradorista, se pudiera retomar el proyecto nacional de 1917, pues la tradición republicana apoyada por la ciudadanía, pararía la privatización extrema que viene viviendo el Estado Mexicano. Es decir, será el Estado el que podrá asegurar que este núcleo general,

MARIO RAÚL MIJARES SÁNCHEZ

convenientemente difundido, a través de la educación ciudadana directamente, ante el compromiso de autoridades y población, se podrá arribar a la libertad cívica.

Los gobiernos mexicanos utilizando toda la fuerza del Estado, con sus aparatos ideológicos, impondrán un humanismo cívico, así como una ciudadanía republicana con fuertes raíces de liberalidad. Sólo así podremos trascender a un gobierno con virtudes para administrar la cosa pública, los gobiernos son como lo dice Aristóteles, "los que pueden dirigir y organizar, con el consentimiento de todos". Se refiere a la sociedad política, con cierta capacidad educativa para que la población acepte el sometimiento de la Ley General, así como el uso del poder, siempre y cuando sea en interés de todas las clases sociales, pero respetando su principio político de clase. Con ello desaparecería la búsqueda de la especulación personal. Hasta aquí finaliza este trabajo de investigación, al revisar el libro de Gaebler, encontré un escrito respecto al empujón que necesitamos todos los seres humanos para volar independientemente, vea por favor anexo dos.

CAPÍTULO V

Conclusiones/propuestas

TAL VEZ COMO resumen de mi investigación, la cual comprendió desde la concepción del Estado, gobierno y administración pública, hasta el significado del nuevo modelo de gobierno. De la misma manera, se habló sobre lograr una posible gobernabilidad con eficiencia, todo ello, con el objetivo para crear riqueza, a través de su brazo ejecutor, la administración pública, con carácter humano, la idea es trabajar conjuntamente con una ciudadanía capaz de participar, siempre y cuando ésta sea educada por el propio Estado. Aunque sólo, he explorado en detalle algunos episodios, indirectamente fue posible mencionar la mayoría.

Confío en que los lectores habrán quedado conmovidos, como yo mismo, que llevo casi el medio siglo estudiando con detenimiento los fenómenos de la teoría política y la administración pública, sobre todo el papel que juegan ambos en su aplicabilidad en la cosa pública. En conclusión sobre la semblanza final, es la presencia frecuente de los principios e instituciones, que tendrán un papel importante para disminuir el antagonismo entre las clases sociales, con la finalidad de devolverle a la Nación mexicana su principio republicano.

Quizás el ofrecimiento o propuesta, más importante para mí, sería que el próximo concurso que efectuara el IAP Veracruz, lo realizara acotando el tipo de investigación. Es decir de las propuestas generales que a continuación se plasman, alguna o varias de ellas, participen para realizar un proyecto más pragmático: el cómo ajustar dichas propuestas. Eso sería grandioso. Después debemos tomar en cuenta que para cualquier proposición o proyecto, se tiene que hacer un diagnóstico más particular, sobre todo un acucioso respaldado con recursos financiero suficientes y necesarios.

Por lo pronto seamos generosos con las propuestas concretas, en cuanto a intenciones razonadas; presupongámoslas buenas, pues estará fuera de lugar la indulgencia frente a un razonamiento inconsistente. Miltón Friedman (1993)[112] sobre éste argumento señaló: "El mal razonamiento es responsable de muchos más delitos que la mala intención de los hombres."

5.1. PROPUESTAS:

1. Debemos consagrar todo esfuerzo en donde se pueda disfrutar de instituciones sólidas en la cosa pública, las cuales respondan a las necesidades de una población ávida de disfrutar buenos servicios, tanto públicos como privados. Lo anterior solamente se puede lograr con un nuevo modelo de gobierno generador de riqueza y una administración con una visión del futuro.

2. El nuevo modelo de gobierno, dentro de la gobernabilidad eficiente, en la creación de riqueza, ya no habla de política sino de sistema de trabajo, en donde el gobernante fija el trabajo a realizar por los servidores públicos. En este caso de forma concreta, el gobierno generador de riqueza tiene una serie de oportunidades para allegarse recursos como son:

    •   La basura, la cual es factible manejarla con una visión gerencial, haciendo un estudio de sus costos y beneficios.

    •   Las placas de los automotores, mismas que se pueden innovar con logos que el mismo ciudadano elija de una serie de opciones que van desde: turísticas, de fútbol, beisbol entre otros. Sobre todo en este año, que se cambiarán placas tanto en el servicio público como los privados, dicho cambio será sin costo. Por un lado es despilfarro de parte del gobierno veracruzano, para los que tienen dinero. Además del menosprecio a programas de beneficio social, pues la riqueza del gobierno deberán estar dirigidos a programas que beneficien a los que menos tienen.

---

[112]   Friedman M. (1992) p. 311.

- Reorientar el trabajo social de cientos de artesanos, creando una comercializadora estatal o municipal para seguir produciendo empleos privados.

- La vivienda por ejemplo. La oficina encargada puede realizar proyectos experimentales con una visión gerencial, en donde se podrían vender planes innovadores con "subsidios portátiles". Esto ayudaría a que no hubiera tanto desorden de infraestructura,

3. Es la de lograr hablarle al señor gobernador y al servidor público de todos los niveles jerárquicos, para estar al corriente de cómo se puede horadar la bóveda de la ineficiencia y la corrupción, tan presentes hoy día. Por ello, es importante entender perfectamente el principio de la ética pública, las leyes, las instituciones, los usos y costumbres del país pero en particular de la región veracruzana.

4. Contrariamente a todo ello es apremiante, para una solución inmediata y mediata, lo siguiente. A) El primer paso. Es conveniente que el gobernador de la entidad veracruzana, volteé la vista primero a su gobierno para autoevaluarse si está siendo eficiente. B) Pero más conveniente sería un peritaje externo por parte de una agencia consultora, pero profesional, que no vea únicamente su ganancia sino su prestigio. C) Una vez finalizada la evaluación y conociendo los resultados, exigir que se haga lo propio en su administración pública.

5. Cuando se pierde la visión gerencial, la magnitud del déficit gubernamental es altísima. En la administración posmoderna, se obliga a encontrar mejores mecanismos, más eficientes y efectivos: Lo importante de todos ellos es cómo es que podemos lograrlo, por ejemplo: el recaudar mejores ideas para obtener e incrementar los ingresos; recaudar lo que se le debe al gobierno por concepto de carteras vencidas; ofreciendo una serie de facilidades como el de financiar a tasas más bajas.

6. Hay cientos de miles de pesos abandonados por el gobierno debido a que su administración pública no funciona adecuadamente. Ejemplo de ello es; los automotores que recoge hacienda o fianzas, la mayoría de ellos se echan a perder por falta de una toma de decisión. Así como esto

está la maquinaria pesada chatarra de la Secretaría de Comunicaciones, en fin cada secretaría tiene una posibilidad de hacerse de recursos en caso de que el Ejecutivo lo exigiera.

7. La economía del mañana está en los campos de la hiperagricultura, la neuroestimulación, así como las fuentes de energía, sistemas de pago clasificados, ordenadores portátiles; sensores. En fin, todo ello dentro de lo que se conoce como la economía del conocimiento.

8. Xalapa, la ciudad capital de Veracruz, una de las localidades más austeras, puede llegar a ser una "Ciudad del Conocimiento", dado a que asume los fundamentos para ello. Hay aproximadamente 30 universidades, cientos de jóvenes a los cuales se podría aprovechar incentivándolos, pero sobre todo guiándolos hacia un proyecto preestablecido y viable. Habrá que sacar de la miseria a esta ciudad en que la han dejado gobiernos que únicamente les ha interesado la riqueza propia. Una ciudad que no tiene inversión productiva como lo es la industria manufacturera entre otras más, bien podría ser una rama importante de la economía, el desarrollar una ciudad con las características que necesita el producir conocimiento.

9. En el tránsito hacia la posmodernidad. La causa fue el comportamiento de los últimos gobiernos, poco eficientes, que nos hemos dado los mexicanos, en los últimos treinta años. En esencia fue por no apalear a una ética pública, pero tampoco a una privada, esto es un error que ha llevado al país a una corrupción política y, por tanto económica. Dentro del trabajo se plasmó una ética pública, tratando de hacerla más pragmática, evitando así discusiones abstractas, para proponer la búsqueda en función de resolver problemas concretos. Es decir se propuso un tipo de catarsis, con la intensión de purificar en cierta medida un tipo de desdicha pública, en la que estamos inmersos.

10. Una de las causas de la inmoralidad política, fue su vocación de no configurar una organización a tiempo en la vida social, ni respetar los objetivos del proyecto de Nación de la Carta Magna de 1917. La salida será únicamente a través de una autoridad máxima, con una alta integridad política. Un estadista que ponga orden en el Estado Mexicano; una autoridad con virtud de mando. Es decir, un mandatario que tenga capacidad de construir conceptos generales y de razonar

sobre todo. Todo esto con la función de ayudar a despertar la vocación de la ciudadanía para convivir así en una sociedad ordenada.

11. La educación para la ciudadanía es fundamental para interrelacionarla con la ética pública, los derechos y libertades fundamentales, sobre todo, dentro de la cultura universal garantizando el derecho de los ciudadanos.

12. Que el primer mandatario como responsable único del Poder Ejecutivo, consigan en primera instancia, desarrollar un gobierno eficiente y dinámico, separando al piloto de la nave, pero con marineros que remen en equipo. Lo anterior es con la finalidad de que su aparato administrativo sea el reflejo de su capitán a la hora de ejercer el servicio público y llevar al navío a buen puerto.

13. El gobierno entendido como la parte activa, de ese todo, que es el Estado, sea una garantía clara para que la población pueda contar con un servicio público de calidad. El poseer un gobierno eficientemente competitivo, evitará el gran despilfarro que realizan los esquemas burocráticos, los cuales, actualmente de forma desafortunada, se practican en países como el nuestro.

14. Que el gobierno local dirija y logré un desarrollo con resultados rápidos en beneficio de la población en general. La participación y proceso de orientación se deberá realizar dentro de un esquema institucional en la administración pública. La idea es que la desigualdad social cuantitativa y cualitativa que sigue existiendo en esta época, deje de hacer mella entre la población regional veracruzana.

15. Al conocer la historia dentro de sus diferentes ciclos políticos, la clase pobre tanto rural como urbana, siempre ha salido afectada dentro de los intervalos políticos de ya varios sexenios anteriores. Las graves complicaciones políticas y sociales de sometimiento se dieron y se continúan dando, quizás en menor escala, pero son las mismas que por desgracia se siguen extendiendo desde hace más de doscientos años. La corrupción y la desigualdad tendrán que acometerse con severidad por parte del gobernante a través de políticas públicas, regionales, económicas y sociales que conlleven el desarrollo de la entidad, para en su caso industrializar el ejido, la urbanización, alfabetización entre

otros, hasta lograr una conciencia política en los distintos sectores de la población.

16. El problema con el servidor público, no es que sea incompetente o desobligado como de hecho lo han ridiculizado los mismos ciudadanos. Lo que sucede es que no cuenta con un modelo administrativo posmoderno y por ello siguen viviendo dentro de una montaña de papeles y sin reglamentación ninguna. Ante esta eventualidad se encuentran sofocados y vedados para lograr cualquier propuesta innovadora.

17. Es tiempo de que el gobierno tome acciones concretas, olvidándose de la simulación que tanto ha afectado al país. Es decir, si sabemos que la economía de la entidad veracruzana se encuentra en banca rota, no nos vayamos por lo más espontáneo, que es endeudar al Estado; mejor produzcamos riqueza empezando por el gobierno. Para ello lo único que se necesita es creatividad y trabajo.

18. Implantar una estructura de gobierno clara, que opere con resultados delegando autoridad. Dicha disposición será tomada en serio pues la autoridad máxima siempre trabaja ahincadamente todo el tiempo.

19. El gobierno debe tener una misión viable que le sirva de guía para su acción. La siguiente es delegar atribuciones pero también autoridad responsable, con ciertos candados sobre entendidos. El caso es prevenir, ya que el gobierno antes de finalizar su periodo sexenal, normalmente se deteriora por no tener una misión clara. Es por ello, que el mandato del Ejecutivo conforme pasa el tiempo se dispersan sus esfuerzos y sus colaboradores se agotan, máxime que ya no tienen el mismo incentivo que al inicio de su periodo.

20. Es por ello que cuando el gobierno dé inicio, debe implantar dentro de su estructura, un -órgano vigoroso- que proponga acciones innovadoras para allegarse recursos, creando riqueza y al mismo tiempo que controle el rendimiento. Con la finalidad de estar siempre con la visión clara de cumplir las responsabilidades de esa función tan importante como necesaria, para un gobierno moderno y que esté en razón de no continuar dependiendo únicamente de las partidas presupuestales que envía el gobierno federal.

21. Para ser productivos y generadores de riqueza son necesarias dos cosas: primero tener claro qué factores de la producción deberá el gobierno impulsar, y dos, implantar una estructura de gobierno funcional.

22. El ejercicio de los nuevos esquemas en países como México, deberá ir hacia esas nuevas vías que adopta la política externa de los países poderosos. Es decir, estructurar un esquema productivo de política externa en la medida de que seamos un país competitivo, primero dentro del mercado regional latinoamericano. Para ello es necesario un proyecto de nación, después una planeación sobre una política económica que tenga rumbo.

23. Los gobiernos mexicanos utilizando toda la fuerza del Estado, con sus aparatos ideológicos, impondrán un humanismo cívico, así como una ciudadanía republicana con fuertes raíces de liberalidad. Sólo así podremos obtener un gobierno con virtudes para administrar la cosa pública, los gobiernos son como lo dice Aristóteles, "Los que pueden dirigir y organizar, con el consentimiento de todos". Se refiere a la sociedad política, con cierta capacidad educativa para que la población acepte el sometimiento de la Ley General, así como el uso del poder, siempre y cuando sea en interés de todas las clases sociales, pero respetando su principio político de clase, con ello se desaparecería la búsqueda de la especulación personal.

24. El poseer un gobierno previsor, que evite que cada año, surjan tragedias en temporada de lluvia, por no contar con programas de prevención que trabajen todo el año. Incluso en las sequías se podría captar una buena cantidad de agua. Los gobiernos en sus tres niveles se deben subir al tren de la prevención, cuando la lleven a cabo la misma ciudadanía participará de gran manera.

25. Es urgente que el gobierno veracruzano exija a sus funcionarios de la administración pública, que evalúen el desempeño o los resultados de su dependencia, lo cual es laborioso pero no difícil. Los fracasos han sido constantes cuando de evaluar se trata, recientemente la Contraloría General de la entidad veracruzana, estaba tratando de que las dependencias centrales y paraestatales les enviaran sus indicadores administrativos, pero puedo estar seguro que no han tenido avances, pues están acostumbrados a evaluar producción, no resultados.

26. Una propuesta más. Que el gobernador exija que el IAP, implante cursos, para los Altos Mandos de la Administración Pública para que les dé talleres de Calidad Total, pero únicamente dirigidos a los funcionarios. Para ver si por eventualidad les entra el aplomo de la Calidad. Solamente espero que no sean catedráticos de administración de empresas, ya que éstos lo ven con otro enfoque, el cual no le pertenece a la Administración Pública. Pero en caso que sea así, que ellos den los aspectos técnicos únicamente. En varias ocasiones he propuesto al IAP y, a los dirigentes de partidos políticos que a los "Presidentes Municipales" no les den cursos de administración cuando inician sus periodos de gobierno, pues ¡ellos son políticos!, ¡no son técnicos!, ni administradores, a estos hay que capacitarlos para gobernar. Pero en este país no escuchan ni el gobierno, ni los privados ni tampoco los institutos de capacitación.

Estoy seguro que imponiéndose un ritmo de trabajo arduo, dentro de la idea de generar riqueza en la entidad veracruzana, dejaríamos atrás ese escenario poco favorable del Producto Interno Bruto (PIB), que se tiene hoy día a pesar de ser una entidad con innumerables recursos.

EPÍSTOLA

EL CABALLERO DE la triste figura Don Quijote, señala: "De gente bien nacida es agradecer los beneficios que recibe, y uno de los pecados que más a Dios Ofende es la ingratitud", por ello desearía expresar mi agradecimiento por la amable invitación para escribir este ensayo para el Premio Estatal de Administración Pública 2011. Es para mí un gran honor. Esta invitación fue para mí una sorpresa, e incluso resultó algo desconcertante, no solamente por lo atrasado en tiempo de la invitación. En ese momento me encontraba escribiendo sobre temas abstractos: pero el problema del conocimiento humano y, en particular del político administrativo, me hizo regresar a nuestra realidad.

Por ello, me cuestioné el por qué me habían invitado. Primero pensé que había una confusión, pues ya tenía varios años de no estar presente en este Instituto. ¿O quizás por mi expresado amor por esta región veracruzana? Pero no pude rechazar tal reto. Así que me puse a trabajar 24 horas diarias, aguantando incluso las noches gélidas detrás de la computadora. Como podrán leer soy una persona optimista, en un país que sufre momentos desagradables.

Soy optimista porque el conocimiento no está reñido con la belleza asequible. Es por ello que se siguen comprando miles de discos de Bach, Mozart, Beethoven, Manuel Ponce, Juventino Rosas y Julián Carrillo, donde todavía cientos de jóvenes siguen amando a estos maravillosos músicos.

Tal vez el pesimismo atañe a la manera que en México venimos educando a los niños y niñas; en medio de la crueldad, exponiéndolos a realidades violentas sea ahora en el cine, la televisión e internet. De la misma manera se encuentra la literatura actual, en donde se lee un discurso ideológico, capaz de persuadir a una ciudadanía poco ilustrada. Por ello, mi lado optimista, puede decir que a pesar de todos los intentos de propagar la violencia, aún quedan mexicanos dispuestos a ayudar y sacar esos odios que se están dando en los lugares menos pensados, desde el hogar hasta el Congreso de la Unión.

Señores y señoras, integrantes del jurado, olvidemos a esos pesimistas que apuntan a la decadencia moral y política del Estado Mexicano, pensemos de forma positiva al encontrarnos en un lugar en donde es posible existir en esta modesta tribuna, pero clave para encontrar la prosperidad de nuestro pueblo, sobre todo en esa ominosa pobreza de siglos pasados.

Con estos breves antecedentes y ante la propuesta sobre la generación de riqueza, debo aclarar que se puede coexistir con la riqueza siempre y cuando no logre depravación, sino que nos lleve a la prosperidad, dentro de un sentimiento humanitario de buena voluntad. La cuestión es que los jóvenes, e incluso muchos de nosotros, ya no merecemos estos gobiernos, con ciudadanos insolentemente divididos. Innovemos a este tipo de regímenes basados en un diseño que es mezcla de la ganancia y el libertinaje frente al derrumbamiento de las tradiciones republicanas de la Nación mexicana.

El trabajo teórico impulsado por el IAP, en donde se busca la ciencia del progreso y me refiero a la ciencia como una búsqueda de la realidad y su meta es precisamente aproximarse a la verdad. Aunque también dentro del arte se pueden lograr metas importantes, e incluso hay quienes pensamos todavía que administrar es una arte, siempre y cuando se dominen las técnicas y se vea por el progreso por parte del administrador público.

Deseo terminar esperando que la obra aquí escrita se encuadre en lo posible dentro del género de la –mántica- no como el arte de adivinar, sino como un conjunto de prácticas que puedan vislumbrar un porvenir extraordinario.

Atentamente.

Mario Raúl Mijares Sánchez

ANEXO UNO

Gobernadores constitucionales del Estado de Veracruz militares y civiles. (2003)[113]

Teodoro A. Dehesa. (civil) Nació el 1º de octubre de 1848 en la ciudad de Veracruz. Fue administrador de la Aduana porteña, posteriormente gobernador por cuatro periodos y candidato para la vicepresidencia de la República con Porfirio Díaz, a quien acompaña en 1911 a embarcarse en el buque "Ipiranga". Fue exiliado político en La Habana Cuba, muere en 1936. civil 1º/dic/1908 30/nov/1911

Emilio Léycegui. Nació en la ciudad de Veracruz el 3 de agosto de 1864. Fue gerente de la Cervecería Estrella. Al visitar Francisco I. Madero Veracruz, Emilio simpatizó con el movimiento revolucionario, al dejar el poder Ejecutivo estatal Dehesa lo sustituye por un corto tiempo. civil 21/jun/1911 22/dic/1911

Manuel María Alegre. Nació en Tlacotalpan, colaboró en los diarios Correo de Sotavento y El Dictamen. Radicó en la ciudad de México. Partidario de Madero a quien impulsó para la presidencia de la República, ocupa el cargo de gobernador interino de la entidad veracruzana. civil 12/dic/1911 15/feb/1912

Francisco Lagos Cházaro. Nació en Tlacotalpan en 1878, se recibió de abogado en la ciudad de México. Amigo personal de Francisco I. Madero. En 1912 fue electo gobernador. Fue secretario particular del Presidente Interino de la República, Roque González Garza; fue exiliado político y muere en 1932. civil 15/Feb/1912 30/nov/1912

---

[113] Véase: Dictamen sobre los Gobernadores constitucionales del Estado de Veracruz (2003) Fundación Colosio, Presidente Nemi Dib. Editado por el Gobierno de Veracruz.

Eduardo M. Cáuz. (militar) Nació en Jalapa hijo del español Antonio Cáuz. Estudió en el Colegio Militar donde recibió el grado de subteniente, fue ayudante del general Juan Enríquez, del Estado Mayor. Victoriano Huerta lo envió como gobernador y comandante de Veracruz, renunció cuando Huerta abandono el país. 1º/ dic/ 1914 27/jun/1914.

Cándido Aguilar: (militar) Nació en la ciudad de Córdoba, Veracruz en 1889. Hizo contacto con Francisco I. Madero y se levantó en armas en el municipio de Atoyac. Fue reconocido por el gobierno maderista como Jefe de la Revolución en Veracruz. Confirmado general, combatió en la Huasteca como comandante militar, participó en la desocupación del Puerto por los marines angloamericanos. Arribó al poder Ejecutivo en varias ocasiones, y en 1916 fue designado Secretario de Relaciones Exteriores. militar 24/ jun/1914 30/nov/1916

Mauro Loyo Sánchez. Nació en Chacaltianguis el 12 de mayo de 1871. Se graduó como médico en la ciudad de México, se especializó en Estados Unidos y Europa. En 1910 se adhirió al maderismo. Sustituyó al general Cándido Aguilar, en 1917. Reformó la Constitución Local de 1902. Fue Director de la Beneficencia Española y del Hospital Aquiles Serdán. Falleció el 29 de agosto de 1969. civil 16/sep/1917 5/oct/1917

Adalberto Tejeda Olivares. (militar) Nació en Chicontepec el 23 de abril de 1883, Estudió ingeniería en la ciudad de México, cuando regresó a la región veracruzana, Cándido Aguilar le dio el grado de teniente coronel y Jefe del Estado Mayor, en la División Oriente. En 1916 fue diputado al Congreso Constituyente, Senador de Veracruz, gobernador de 1920 a 1924 y 1928 a 1932. Secretario de Comunicaciones y de Gobernación con el presidente Plutarco Elías Calles. Embajador en Francia y España. Falleció el 8 de septiembre de 1960. Militar 1º/dic/ 1920, 1º/dic/ 1928, 30/nov/1924, 30/nov/1932

Heriberto Jara Corona. (militar) Nació el 10 de julio de 1880, en la ciudad de Orizaba, Veracruz. Trabajó en la fabrica "Río Blanco"; vivió de cerca los acontecimientos de la represión obrera. Fue diputado federal, ascendió a general luchando con Lucio Blanco. En 1916 fue Jefe de las Operaciones Militares en el Estado de Veracruz. En 1920 fue Senador, cuatro años después gobernador de Veracruz y del Estado de Tabasco y presidente del PNR. militar 1º/dic/1924 30/dic/1928

Gonzalo Vázquez Vela. (civil) Nació en Jalapa Estudió derecho en la Escuela de Jurisprudencia, trabajó en el tribunal Superior de Justicia. Fue Secretario de Gobierno con Adalberto Tejeda; fue gobernador en dos periodos. Secretario de Gobernación con Elías Calles. En 1934 el presidente Cárdenas lo nombró Secretario de Educación Pública. 1º/dic/1932 3/julio/1935

Francisco Salcedo Casas. (civil) Nació en Jalapa en 1887. Recibió el título de abogado, designado Secretario de Sala del Tribunal Superior de Justicia. Abogado defensor de la empresa petrolera "El Águila", posteriormente Secretario General de Gobierno, sustituyó como gobernador a Gonzalo Vázquez Vela.

Guillermo Rebolledo. (civil) Nació en Jalapa. Estudió en la Escuela de Leyes, fue magistrado del Tribunal Superior de ahí promovido a gobernador de Estado. civil 4/julio/1935 19/sep/1936

Ignacio Herrera Tejeda. (civil) Nació en Querétaro y estudió en la Facultad de Derecho. En 1936 fue designado Gobernador Provisional, para entregar el gobierno a Miguel Alemán. 19/sep/1936 30/nov/ 1936.

Miguel Alemán Valdés. (civil) Nació en Sayula, ubicado a diez kilómetros de la cabecera municipal de Acayucan, el 29 de septiembre de 1903. Estudió la preparatoria y la carrera de abogado en la ciudad de México. Fue magistrado del Tribunal Superior de Justicia, Senador por dos meses, gobernador cuestionado en su triunfo el cual ejerció de 1936 a 1939, no termina su periodo de gobierno para participar en la campaña presidencial de Manuel Ávila Camacho. Secretario de Gobernación y Presidente de la República. 1º/dic/1936 6/abril/1939

Fernando Casas Alemán. (civil) Nació en Córdoba Veracruz, se tituló de licenciado en derecho por la Universidad Nacional. Secretario de Gobierno, ocupó la gubernatura a la salida de Miguel Alemán Valdés. Fue Jefe del Departamento del Distrito Federal.

Jorge Cerdán, Fue gobernador del 1º de diciembre de 1940 al 30 de noviembre de 1944.

Adolfo Ruíz Cortines. (civil) Político mexicano, nacido en Veracruz, donde cursó sus primeros estudios. Se incorporó a las filas del Ejército Constitucionalista durante la Revolución Mexicana gobernó del 1º de diciembre de 1944 al 30 de noviembre de 1950. (No termina su periodo por asumir el cargo de Secretario de Gobernación en México)

Ángel Carvajal. (civil) Nació en Santiago Tuxtla Veracruz en 1901. Gobernó del 3 de julio de 1948 al 30 de noviembre de 1950.

Marco Antonio Muñoz Turubull. (civil) Nació en Xalapa de Enríquez en 1914 y murió en la ciudad de México el 3 de enero de 2001. Gobernó del 1º de diciembre de 1950 al 30 de noviembre de 1950.

Antonio M. Quirasco. (civil) Nació el 20 de mayo de 1904 en Córdoba. Falleció en 1981, político mexicano que gobernó del 1º de diciembre de 1952 al 30 de noviembre de 1962.

Fernando López Arias. (civil) Nació el 8 de agosto de 1905, muere el 3 de julio de 1978. Fue un político mexicano, nació en Suchilapa, Veracruz. Gobernó del 1º de diciembre de 1962 al 30 de noviembre de 1968.

Rafael Murillo Vidal. (civil) Nació el 26 de octubre de 1904 muere en 1986 nació en la ciudad de San Andrés Tuxtla, Veracruz, el 26 de octubre de 1904, gobernó de 1968 a 1974.

Rafael Hernández Ochoa. (civil) Nació en 1915 en Santa Getrudis, Municipio de Vega de la Torre Veracruz. Falleció el 18 de mayo de 1990. Gobernó del 1º de diciembre de 1974 al 30 de noviembre de 1986.

Agustín Acosta Lagunes. (civil) Nació en Paso de Ovejas, Veracruz el 31 de diciembre de 1929 y falleció el 12 de abril de 2011, gobernó del 1º de diciembre de 1980 al 30 de noviembre de 1986.

Fernando Gutiérrez Barrios. (civil) Nació en Alto Lucero, Veracruz, el 26 de octubre de 1927. Gobernó del 1º de diciembre de 1986 al 30 de noviembre de 1992. (No termino el periodo por asumir el cargo de Secretario de Gobernación en México)

Dante Delgado Rannauro. (civil) Nació en Alvarado, Veracruz, el 23 de diciembre de 1950. Político, abogado y diplomático. Gobernó de diciembre de 1988 al 30 de noviembre de 1992.

Patricio Chirinos Calero. (civil) Nació en Pánuco, Veracruz, el 27 de julio de 1937. Economista y político mexicano. Gobernó del 1º de diciembre de 1992 al 30 de noviembre de 1998.

Miguel Alemán Velazco (civil) Nació en la ciudad de Veracruz el 18 de marzo de 1932. Gobernó del 1º de diciembre de 1998 al 30 de noviembre de 2004.

Fidel Herrera Beltrán. (civil) Nació en Nopaltepec, Veracruz, el 7 de marzo de 1949. Es abogado y político. Gobernó de 1º de diciembre de 2004 al 30 de noviembre de 2010.

Javier Duarte de Ochoa. (civil) Nació en Córdoba Veracruz el 19 de septiembre de 1973, tomó posesión de gobernador el 1º de diciembre de 2004.

BIBLIOGRAFÍA

Archivos

Archivo General de la Nación (Área Gobernadores)
Archivo de la Legislatura del Estado de Veracruz
Archivo del Gobierno de Veracruz
Archivo del Municipio de Jalapa

Bibliotecas

Biblioteca de la Universidad Veracruzana
Biblioteca del Colegio Preparatorio de Jalapa
Biblioteca Nacional
Biblioteca de la Facultad de Historia de la Universidad Veracruzana
Hemeroteca del periódico *El Dictamen*, Veracruz

Fuentes Primarias impresas

Revistas

Buen Gobierno (Para pensar en la democracia)
Distrito Sur
Hoy
Jueves de Excélsior
Órgano Veracruzano de Cultura
Proceso
Relatos e historias en México.
Revista Gestión, de negocios
Revista Ilustrada
Sucesos para todos

Diarios y semanarios

Ariete Xalapeño (Jalapa Veracruz)
Basta (Orizaba Veracruz)
Diario del Istmo (Veracruz)
El Arpón (Jalapa Veracruz)
El Dictamen (Veracruz)
El Universal (México D.F.)
Excélsior (México D.F.)
Milenio, El Portal (Xalapa Veracruz)

Internet

Programa para el Desarrollo del Software .- Disponible en: http://www.prosoft.economia.gob.mx/
http://www.econocimiento.mx/
http://www.slideshare.net/Ardyanita/la-economa-del-conocimiento
http://es.wikipedia.org/wiki/Econom%C3%ADa_del_conocimiento
http://www.conacyt.mx/comunicacion/revista/198/Articulos/Economiadelconocimiento/Economiadelconocimiento00.htm
no archivo pdf: articulo CONACYT

Legislación

Constitución Política del Estado Libre y Soberano de Veracruz Llave. (Publicada en el alcalce de la Gaceta Oficial del Estado. 24 de fecha 03 de febrero de 2000)

Diario Oficial de los Estados Unidos Mexicanos.

Libros

Aristóteles. (1982). *Tratados de Ética, Ética Nicomaquea, Ética Eudemiana, Tratado del Alma, Política.* Madrid: Editorial Aguilar.

Al Gore (1994) Creating a Governmente that works beeter and cost less. The report of the National Performance Reviw, USA, Ed. Drenches Reserved.

De la Boétie, E. (2001). *EI discurso de la servidumbre voluntaria.* España: Ed. Aldus.

Barón, S. H. (1976). *Pleujánove el padre del marxismo ruso.* México: Ed. Siglo XXI.

Berger, M. L. & Huntington, S. R. (2002). *Globalización múltiple, la diversidad cultural en el mundo contemporáneo.* Barcelona: Editorial Paidós, Estado y Sociedad.

Bloch M. (2003) *La extraña derrota,* Barcelona España, Editorial NOVAGRÁFIK.

Bobbio, N. (1976). *La teoría de las formas de gobierno, en la historia del pensamiento político.*

Bobbio, N. (1992). *El futuro de la democracia.* México: Fondo de Cultura Económica.

Bobbio, N. & Matteucci, N. (1985). *Diccionario de política* [Dos Tomos]. México: Siglo Veintiuno Editores.

Carrillo Castro (2006) *Génesis y evolución de la administración pública.* México: Editado por el INAP.

Dahl, R. A. (1993). *La poliarquía, participación y oposición.* México: Editorial Rei.

De Montaigne, M. (1985). *Ensayos Escogidos.* México: UNAM.

De Tocqueville, A. (2001). *La democracia en América.* México: FCE.

De Tocqueville, A. (1982). *El antiguo régimen y la revolución.* Madrid: Alianza Editorial.

Duverger, M. (1986). *Instituciones políticas y derecho constitucional.* Barcelona: Ed. Ariel.

Druker (1995) *Gerencia para el futuro, El decenio de los 90 y más allá,* Colombia: Editorial Norma.

Elizondo, C. & Maira, L. (2000). *Chile-México, dos transiciones frente a frente.* México: CIDE-Grijalbo.

Ferrero, G. (1943). *El Poder, los genios invisibles de la ciudad.* Buenos Aires: Editorial Inter-Americana.

Friedman M. (1993) *Los perjuicios del dinero. Hacia un nuevo liberalismo económico.* México: Editorial Grijalbo.

Gaebler T. (1995) How to reinvent a government (The gudeline for change in modern public administration) Pinted in Mexico: Editorial Diana.

Garrido L. J. (2003), *El partido de la revolución institucionalizada, La formación del nuevo Estado en México (1928 -1945),* México: Siglo Veintiuno Editores.

Giner/Sarasa(editores(1997) *Buen gobierno y política social.* Barcelona España: Editorial Ariel.

Gramsci, A. (1975). *El materialismo histórico y la filosofía de B. Croce.* México: Editorial Juan Pablos.

Hamilton, Madison y Jay (1982) *El federalista,* México: Fondo de Cultura Económica.

Harrington, J. (1987). *La república de Océana.* México: Fondo de Cultura Económica.

Hobbes, T. (2001). *Leviatán*. México: Fondo de Cultura Economica.

Huntington, S. P. (1972). Pretorianismo y decadencia política. *Orden político y decadencia política*. Barcelona: Editorial Paidós, Estado y Sociedad.

Huntington, S. P. (1994). *La tercera ola: la democratización a finales del siglo XX*. México: Editorial Paidós.

Inneraty D. (2004) La sociedad invisible, Madrid: Editorial Calpe.

Jaeger, W. (1994). *Demóstenes*. México: Fondo de Cultura Economica.

Krauze, Enrique (2006) *Biografía del poder*, México: Tusques Editores.

Lacan (1997) *Lacan con los filósofos*, México: Siglo Veintiuno Editores.

Levy, L. & Fisher, L. (2001) *Encyclopedia of American Presidency*. Documento de la Embajada de los Estados Unidos de América. Bogotá, Colombia. Recuperado el 10 de enero de *http://usembassy.state.gov/*

Locke (1984) *Del gobierno civil*, México: EDICIONES NUEVOMAR.

Locke (1998) *Lecciones sobre la Ley Natural*, Granada: Editorial Comaren.

López-Portillo, y Rojas José (1975, *Elevación y caída de Porfirio Díaz*, México: Miguel Ángel Porrúa.

Madison (1982) *El Federalista*, México: Fondo de Cultura Económica.

Marcos, P. (1968). *Fantasma del liberalismo*. México: UNAM.

Marcos, P. (1997). *¿Qué es Democracia?* México: Ed. Publicaciones Cruz.

Marcos, P. (2010). *Diccionario sobre la democracia* México: Miguel Ángel Porrua Editores.

Marx, K/ Engels. (1977). Obras Escogidas. Tomo I y II. México: Editorial Progreso Moscú.

Mijares M. R. (2007). *El modelo Gerencial en el Sector Público*, *(Una propuesta para Veracruz)* México: Editorial Talleres Vargas Impresores.

Mijares M.R. (2011) *Formas de Gobierno (Lecciones de Teoría Política)*: USA: Editorial Palibrio.

Mills G. Wright (1978) La elite del poder, México: Fondo de Cultura Económica.

Montaigne M, *Ensayos escogidos*, México: UNAM.

Montesquieu. (1977). *El espíritu de las leyes*. México: Porrúa.

Montesquieu. (2000). *Cartas persas*. España: Alianza Editorial.

Olmedo D./Fernández Ch. *Fernando Casas Alemán, el republicano*, Jalapa Veracruz: Editorial Animas.

Osborne D./Gabler T. (1992) *Reinvenment government (How the entrepreneurial spirit is transforming the public sector)* United State, Addison-Wesley.

Payno M. (2008) El hombre de la situación, México: Universidad Veracruzana.

Pinto, L. (2002). *Pierre Burdieu y la teoría del mundo social*. México: Siglo Veintiuno Editores.

Platón. (1971). *La República*. México: UNAM.

MARIO RAÚL MIJARES SÁNCHEZ

Platón. (1998). *Diálogos* [Sepan Cuantos, 13]. México: Porrúa.

Popper, K. (1996). *En busca de un mundo mejor.* Barcelona: Editorial Paidós, Estado y Sociedad.

Popper, K. (1992). *La sociedad abierta y sus enemigos.* España: Ed. Planeta, Obras Maestras del Pensamiento Contemporáneo.

Rabasa, E. (1920). *La evolución histórica de México.* España Ed. Vda. Ch. Bouret.

Real Academia Española. (1993). *Diccionario de la Real Academia Española.* Madrid: Ed. UNIGRAF.

Ramírez M. (2003) *Los valores en la ciudad secular.* Xalapa Veracruz: Ediciones e Impresiones Paspartú.

Ramirez M. (2011) *Los valores en la ciudad secular* II. Xalapa Veracruz: Ediciones Análisis Político

Rives, R (2009) *La administración pública de México (En su Bicentenario)* México: Editorial FUNDAp.

Rousseau, J. J. (1989). *El contrato social.* México: Porrúa.

Russell, B. (1985). *Escritos básicos.* México: Editorial Planeta.

Savater F. (2003) *El valor de elegir.* México: Editorial Ariel.

Settala, L. (1988). *La Razón de Estado.* México: Fondo de Cultura Económica.

Shell M. (1985) en: Dinero; lenguaje y pensamiento *La economía de la literatura* México: Fondo de Cultura Económica.

Valdés, L. (1995). *Conocimiento es futuro. Hacia la sexta generación de los procesos de calidad.* México: Ed. Derechos Reservados.

Waldo Dwigt (1961) *Estudio de la Administración Pública,* Madrid: Aguilar.

Weber M. (2001) *Ética protestante,* Madrid España: Mestas Ediciones.

Woldenberg, J. (2002). Consolidación demócrata y cultura política. Ponencia presentada el14 de agosto de 2002, en el *Coloquio para el Análisis de Encuestas Nacionales Cultura Política y Prácticas Ciudadanas,* convocada por el CIDE e ITAM.

www.ingramcontent.com/pod-product-compliance
Lightning Source LLC
Chambersburg PA
CBHW061310280526
45784CB00002B/947